W0035857

Charaktersache
Die Kraft persönlicher Integrität

Charles H. Dyer

Charakter, Integrität, Ehrlichkeit, Zuverlässigkeit. Ein kurzer Blick auf die Landschaft Nordamerikas bestätigt, dass diese Werte abnehmen. Doch Gottes Wort fordert uns auf, sie als Spiegelbild seiner Gerechtigkeit zu bewahren. Ich begrüsse den sorgfältigen, herausfordernden und zutiefst biblischen Ansatz von Charles Dyer in diesem wichtigen Werk, Charaktersache. Seine Botschaft ist ein dringend nötiger Weckruf für die Gemeinde heute.

J. Paul Nyquist, Ph.D.
Präsident
Moody Bible Institute

In einer Welt, in der Ruhm und Eigeninteresse oft wichtiger sind als ein guter Charakter, ist Charles Dyers Buch eine starke Stimme für jene von uns, die wissen, dass für das Volk des Herrn höhere und reinere Massstäbe gelten. Danke Charlie ... wir brauchen das!

Joe Stowell
Präsident
Cornerstone University, Grand Rapids, Michigan

Nur wenige Menschen haben ein besseres Verständnis von der biblischen Geschichte als Dr. Charles Dyer, daher hat es mich nicht überrascht, dass ich in diesem lesenswerten und praktischen Buch so viel Wahrheit fand. Dr. Dyer hilft uns, die Art von Person zu werden, die Gott erfreut und die Menschen mit wahrer Integrität liebt. Das Buch ist eine hervorragende Quelle, die unsere grösste Not anspricht.

Chip Ingram
Präsident von Living on the Edge und
Senior Pastor der Venture Christian Church,
Los Gatos, CA

George Washington sagte einmal: «Nur wenige Männer besitzen die Integrität, dem Meistbietenden zu widerstehen» – eine gewaltige Hürde, die uns die Wirksamkeit in zwischenmenschlichen Beziehungen nimmt. Um dieses Hindernis zu überwinden, hat Charlie Dyer in der Heiligen Schrift einen Weg zu persönlicher Integrität gefunden. Hier haben wir ein Buch, das jeder Student lesen sollte, von den ersten bis zu den letzten Semestern. Keiner von uns wird dieses grundlegende Lebensthema je zur Seite legen können.

Howard G. Hendricks
Distinguished Professor
Vorstand, Center for Christian Leadership
Dallas Theological Seminary

Dieses Buch ist ein Stein. Genauer gesagt, ein Wetzstein. Wenn Sie nach dem Konzept in diesem Buch handeln, werden Sie die Klinge Ihrer persönlichen Integrität am Wetzstein der biblischen Wahrheit schärfen. Meine Integrität war geschärft, nachdem ich dieses Buch gelesen hatte; ich glaube, das wird auch bei Ihnen so sein.

Steve Farrar
Gründer und Vorstand, Men's Leadership Ministries

Gott möchte in jedem Gläubigen das Leben Christi sehen. Der Autor untersucht das Leben biblischer Personen, die Aspekte von Gottesfurcht veranschaulichen, sowie relevante Bibelstellen und stellt auf deutliche, prägnante und überzeugende Weise die Eigenschaften heraus, die ein gottesfürchtiges Leben charakterisieren. Ein Muss für alle, die Gottes Willen für ihr Leben erfüllen wollen, unsere «Heiligung» (1Thess 4,3).

Dr. J. Dwight Pentecost
Distinguished Professor für Bibelauslegung, im Ruhestand
Dallas Theological Seminary

Charlie Dyer hat mehrere Dinge kunstvoll miteinander verbunden: Denken und Handeln, die Schrift und ihre Relevanz, Theorie und Realität. Auf diese Weise schuf er ein Handbuch für diejenigen, die um die Bewahrung ihrer persönlichen Integrität kämpfen. Während er zeitgenössische Optionen für moralische Kompromisse vor dem Hintergrund der Bibel beleuchtet, stellen wir fest, dass die Themen gar nicht so neu sind. Gottes Belehrungen sind für uns heute ebenso massgeblich, wie sie es waren, als sie aufgeschrieben wurden.

Dr. Ramesh Richard
Präsident, RREACH International
Professor für Pastoral Ministries and World Missions & Intercultural Studies
Dallas Theological Seminary

Charaktersache
Die Kraft persönlicher Integrität

Charles H. Dyer

Charaktersache – Die Kraft persönlicher Integrität
Charles H. Dyer

This book was first published in the United States by Moody Publishers,
820 N. LaSalle Blvd., Chicago, IL 60610,
with the title «Character Counts»,
copyright © 2010 by Charles H. Dyer.
Translated by permission.

Zitierte Bibelübersetzungen
Sofern nichts anderes vermerkt, zitieren wir die Schlachter Bibel 2000.

1. Auflage 2016 (Koproduktion)

Verlag Mitternachtsruf, CH 8600 Dübendorf
www.mitternachtsruf.ch

Christliche Verlagsgesellschaft mbH, Dillenburg
www.cv-dillenburg.de

Bestell-Nr. Mitternachtsruf: 180058
ISBN Mitternachtsruf: 978-3-85810-333-8

Bestell-Nr. CV: 271.374
ISBN CV: 978-3-86353-374-8

Copyright deutsche Ausgabe:
Verlag Mitternachtsruf
Ringwiesenstrasse 12 a
CH 8600 Dübendorf

Übersetzung aus dem Amerikanischen. Martin Plohmann
Lektorat: Waltraud Itschner – dc agentur
Satz und Layout: www.dcagentur.de
Umschlag: www.dcagentur.de
Herstellung: GU-Print AG, CH 6312 Steinhausen
Bildnachweis Titelseite: shutterstock.com/Memory Stockphoto

Dieses Buch ist sechs gottesfürchtigen Männern gewidmet: Mark Bailey, Doug Cecil, Greg Hatteberg, Doug Lyon, Walt McCord und Steve Mills. Sie alle dienen mir seit mehr als zwanzig Jahren als lebende Vorbilder für Integrität und Authentizität. Es ist ein Privileg, jeden Einzelnen von euch *Freund* nennen zu dürfen.

«Treu gemeint sind die Schläge des Freundes, aber reichlich sind die Küsse des Hassers. Eisen schärft Eisen; ebenso schärft ein Mann den anderen.»

Sprüche 27,6.17

INHALT

VORWORT

Dr. Karl Menninger schockierte einst seine Psychologiekollegen, als er das «S»-Wort im Titel seines Bestsellers *Was ist aus der Sünde geworden?* gebrauchte. Zum ersten Mal wurden viele seiner Leser mit einem Wort und einem Konzept konfrontiert, das aus ihrem Berufsstand gänzlich verschwunden war.

In einer Titelgeschichte stellte das *Time*-Magazin eine andere bohrende Frage: «Was ist mit der Moral passiert?» Bis dahin waren Skandale an der Tagesordnung. Sie sind es noch immer. Es scheint, als wäre kein Ort mehr heilig; nicht das Oval Office im Weissen Haus oder das Pentagon oder Capitol Hill oder die NASA oder die Wall Street oder die Sportstadien oder die akademische Welt oder medizinische und juristische Berufe oder die ganze Welt der Religion. Wir haben Watergate, Koreagate, Irangate und sogar *Pearlygate* erlebt, sehr zur Beschämung von Christen.

Nie waren die Worte des Psalmisten angebrachter:

«Wir sind ein Hohn geworden für unsere Nachbarn, zu Spott und Schande denen, die uns umgeben!» (Ps 79,4)

Aufgrund des Verschwindens der Sünde und der daraus resultierenden Abwesenheit der Moral sollte niemand überrascht sein, dass absolute Massstäbe wie richtig und falsch mittlerweile von einer grauen, verschwommenen Mischung aus Ungewissheit und Widersprüchlichkeit ersetzt wurden. Suchen und forschen Sie nur tief genug und Sie finden bei fast jedem Leichen in der Vergangenheit. Es gibt nur wenige Helden, die der mikroskopisch genauen

Überprüfung der heutigen Medienwelt standhalten können. Wie die Mächtigen gefallen sind!

Was fehlt? Was möchten wir bei denen, die wir bewundern, finden? Integrität. Und was ist das?

Mein *Oxford English Dictionary* sagt mir, dass das Wort vom Lateinischen *integritas* abstammt, was «Ganzheit ... Vollständigkeit» bedeutet. Die Wortwurzel *integer* bedeutet «unberührt, unversehrt, vollständig.» Ein integrer Mensch ist zuverlässig, authentisch, anständig. Der im Alten Testament normalerweise mit «Lauterkeit» oder «Tadellosigkeit» übersetzte hebräische Begriff (*tome*) bedeutet interessanterweise dasselbe: «ganz, vollständig, anständig, moralisch intakt.»

Angesichts dieser Tatsache habe ich den Eindruck, dass wir uns weniger mit dem Problem als vielmehr mit der Lösung beschäftigen sollten. Wir brauchen keine weiteren zu Herzen gehenden Geschichten über das skandalöse Leben bestimmter Personen, sondern verlässliche und direkte Informationen darüber, wie man anders leben kann in einer Welt, die vom Weg abgekommen ist. Es ist an der Zeit, dass jemand die wahre Frage stellt und beantwortet: «Was kann man tun, um Integrität zu bekommen?»

Ich habe gute Neuigkeiten! Genau das hat mein guter Freund und Kollege Dr. Charles Dyer getan. In diesem Buch bringt Charlie nicht nur die Notwendigkeit von Integrität überzeugend zur Sprache, er hilft uns auch, die damit verbundenen Eigenschaften zu verstehen ... wie Ehrlichkeit, Mitgefühl, Weisheit, Selbstbeherrschung, Freude, Vertrauen, Treue, sexuelle Reinheit und andere ebenso wichtige Elemente eines authentischen Lebens.

Ich möchte Ihnen dieses Buch von ganzem Herzen empfehlen! Es erfüllt die drei folgenden wichtigen Punkte, die es für Sie zu einer lohnenden Zeitinvestition machen:

1. Es ist interessant. Die Geschichten und Schilderungen nehmen Sie gefangen.
2. Es ist biblisch. Immer wieder kehrt es zur Schrift zurück als der Grundlage, auf der die beschriebenen Prinzipien basieren.
3. Es ist reich an Ideen. Das Buch enthält nicht bloss die Meinung eines Autors, sondern liefert hilfreiche, scharfsinnige Gedanken, die der Diskussion Tiefe verleihen.

Doch das Beste ist: Der Mann, der hier über Integrität schreibt, ist seit Jahren ein konsequentes Vorbild dafür. Das weiss ich, weil ich im Lauf vieler Jahre immer wieder Situationen bezeugen konnte, in denen seine Integrität auf die Probe gestellt wurde. Jedes Mal bestand Charlie Dyer mit Bravour.

Bevor Sie mit der Lektüre beginnen, möchte ich Ihnen zwei Vorschläge machen: Erstens, lesen Sie es von Anfang an langsam und gründlich durch. Zweitens, fragen Sie sich am Ende: «Was ist mit *meiner* Integrität geschehen?»

Charles R. Swindoll
Chancellor, Dallas Theological Seminary
Bibellehrer, *Insight for Living*

SORGE DICH MEHR UM DEINEN CHARAKTER ALS
UM DEINEN RUF, DENN DEIN CHARAKTER IST
DAS, WAS DU WIRKLICH BIST, WÄHREND DEIN
RUF LEDIGLICH DEUTLICH MACHT, WIE ANDERE
DICH SEHEN.

– *John Wooden*

HERVORRAGENDE QUALITÄT IST KEINE EINMA-
LIGE HANDLUNG, SONDERN EINE GEWOHNHEIT.
DU BIST, WAS DU WIEDERHOLT TUST.

– *Shaquille O'Neal*

WARUM SOLLTE MAN ÜBER DEN Charakter REDEN?

Charakter ist wichtig. Fragen Sie die tausenden von Investoren, die bei Bernard Madoffs 65-Milliarden-Dollar-Betrug ihre finanziellen Rücklagen verloren haben ... dem grössten Investmentbetrug in der Geschichte. Sie haben ihr Geld – und ihr Vertrauen – einem Mann gegeben, der letzten Endes einräumte, dass sein ganzes Geschäft «eine grosse Lüge» war.[1]

Oder fragen Sie Jearl Miles-Clark, Monique Hennagan und La Tasha Colander-Richardson. Sie kennen sie nicht? Sie gehörten zur 400-Meter-Staffel der Vereinigten Staaten, die bei der Olympiade 2000 in Sydney Gold gewann, nur um 2008 ihrer Medaillen beraubt zu werden, weil das vierte Teammitglied, Marion Jones, gedopt war. Sie betrog, und die anderen drei mussten die Konsequenzen ertragen.

Oder fragen Sie Scott und Janet Willis, ein Pastor und seine Frau, die an einem tragischen Unfall in Chicago beteiligt waren, bei dem sie sechs Kinder verloren – der Unfall wurde von einem Lastwagenfahrer verursacht, der seinen Führerschein durch Bestechung erworben hatte. Im Zuge der folgenden Ermittlungen wurden 75 Personen verurteilt, einschliesslich George Ryan, ein ehemaliger Gouverneur von Illinois.[2] Die schuldig gesprochenen Personen kamen ins Gefängnis, was für die Familie Willis nur ein schwacher Trost war.

Charakter ist wichtig, aber häufig übersehen wir die Verbindung zwischen Charakter und Verhalten. Die Schlagzeilen von heute unterstreichen die Probleme unserer Gesellschaft, aber anschliessend geben die Experten die Schuld einfach dem Grosskapital, der Regierung oder anderen gesichtslosen Institutionen. Doch die meisten Probleme – mit Ausnahme von Naturkatastrophen – werden von *Menschen* gemacht ... Menschen, die Geld, Macht oder persönlichen Gewinn über so fundamentale Werte wie Charakter und Integrität stellen. Diese Personen nehmen kaum Rücksicht darauf, welche Folgen ihre Entscheidungen für andere haben. Die erste Version dieses Buches habe ich vor mehr als einem Jahrzehnt[3] veröffentlicht, zu einer Zeit, als noch ungezügelter Optimismus herrschte – die Wirtschaft boomte, Immobilien stiegen im Wert, die Möglichkeiten des World Wide Web schienen grenzenlos und unsere narzisstische Kultur scherte sich nicht um so antiquierte Vorstellungen wie Ehrlichkeit, Treue oder Selbstbeherrschung. Ich will nur Geld sehen! Heute zahlen wir den Preis für Jahre voller egoistischer Exzesse von Personen ... in der Geschäftswelt *und* in der Regierung.

Eine vor Kurzem erschienene Ausgabe von *Newsweek* machte mit dem Titel auf: «Der Niedergang und Fall des christlichen Amerikas.»[4] Unglaublich, aber der Verfasser betrachtete es als einen Vorteil, dass Amerika immer weniger christlich wird. «Obwohl wir weiterhin eine Nation sind, die massgeblich von religiösem Glauben geformt ist, werden unsere Politik und unsere Kultur im Allgemeinen weniger beeinflusst von Bewegungen und Argumenten einer ausdrücklich christlichen Prägung als noch vor fünf Jahren.»[5] Aber ist das Fehlen einer «christlichen Prägung» in unserer Kultur gut? Ich denke, nicht.

Aufgrund unserer egozentrischen, genusssüchtigen Lebensweise lassen wir eine grundlegende Warnung aus dem Wort Gottes unbeachtet. «Irrt euch nicht: Gott lässt sich nicht spotten! Denn was der Mensch sät, das wird er auch ernten» (Gal 6,7). Jetzt fahren wir die Ernte unserer Versäumnisse ein. Von unseren zerfallenden Familien ... über unsere angeschlagene Wirtschaft ... bis zu unseren gezeichneten Städten, der Preis für das Ignorieren von Themen wie Charakter und Integrität ist hoch. Es ist an der Zeit, dass wir uns umbesinnen.

Dieses Buch handelt von Integrität, Charakter und Werten. Die wichtigsten Merkmale eines integren Lebens werden anhand von Geschichten über Männer und Frauen aus der Bibel erklärt und illustriert. Das Verhalten offenbart den Charakter, und am besten verstehen wir Integrität, wenn wir sie im Leben eines Menschen erkennen. Gott kennt diesen Grundsatz ... und deshalb wird Gottes Wahrheit in der Bibel so oft im Leben von Menschen veranschaulicht. Wollen Sie wissen, wie man weise handelt? Dann begleiten Sie Salomo bei seinen weisen – und törichten – Lebensschritten. Probleme mit dem Glauben? Dann schliessen Sie sich Abrahams Karawane an und beobachten Sie, wie sein Glaube geformt wurde und Tiefe bekam. Machen Sie sich Sorgen, dass Ihr Leben aus dem Gleichgewicht geraten ist? Dann besuchen Sie Maria und Martha in ihrem Haus und beobachten Sie diese beiden Frauen, wie sie versuchen, in stressigen Zeiten das Gleichgewicht zu bewahren.

Dieses Buch ist *kein* Aufruf zu evangelikal-politischem Handeln. Es ist vielmehr eine Aufforderung zur persönlichen Erneuerung – eine Herausforderung, unseren Glauben so zu leben, dass unser Handeln unseren Worten entspricht. Wir werden nur so viel Einfluss auf die Gesellschaft haben, wie wir uns von Gott beeinflussen lassen. Am Ende eines jeden Kapitels bekommen Sie die Möglichkeit zum Nachdenken und Anwenden.

Packen Sie Ihren Koffer, nehmen Sie Ihren Reisepass und besuchen Sie mit mir einige der faszinierendsten Personen auf den Seiten der Bibel! Doch bevor Sie starten, halten Sie kurz inne und bitten Sie Gott, Ihnen einen aufnahmebereiten Verstand und ein empfindsames Herz zu schenken. Mein Gebet für Sie entspricht dem von Paulus für seine Freunde in der Gemeinde von Ephesus. Ich bete, «dass der Gott unseres Herrn Jesus Christus, der Vater der Herrlichkeit, euch den Geist der Weisheit und Offenbarung gebe in der Erkenntnis seiner selbst» (Eph 1,17).

ES IST ENTMUTIGEND, WENN MAN BEDENKT,
WIE VIELE MENSCHEN VON EHRLICHKEIT SCHO-
CKIERT SIND UND WIE WENIGE VON BETRUG.

– *Noel Coward*

1. IM RAMPENLICHT – Ehrlichkeit

DIE SUCHE DES DIOGENES

Reisen Sie mit mir 2.300 Jahre zurück nach Athen ins 4. Jahrhundert vor Christus. Während Sie durch die Strassen der Stadt gehen, wirft das helle Sonnenlicht deutliche Schatten auf den Steinweg vor Ihnen. Auf dem Weg vom Marktplatz nach Hause schlängeln Sie sich durch diese Strassen ... und tragen Ihre dürftigen Einkäufe für Ihr Abendessen in einem kleinen Beutel neben sich.

Als Sie um eine Ecke biegen, nehmen Sie in der Ferne einen Mann wahr, der eine brennende Lampe trägt. Wie seltsam! Warum trägt er eine Lampe bei sich, wenn die Sonne doch so hell strahlt? Sie sehen zu, wie er entgegenkommenden Passanten die Lampe vor ihr Gesicht hält. Er kommt näher, und jetzt erkennen Sie die einfache Kleidung und die nackten Füsse dieses wandelnden Laternenpfahls. Er steht fast neben Ihnen, als seine zitternden Hände die Tonlampe vor Ihr Gesicht stossen. Dann stellt er seine durchdringende Frage: «Sind *Sie* ein ehrlicher Mensch?»

Sie sind gerade Diogenes begegnet ... dem griechischen Philosophen, der unangenehme Fragen stellte. Diogenes gehörte einer philosophischen Richtung an, deren Vertreter glaubten, nur Tugend würde zählen. Sie suchten den Kern des Guten in Selbstbeherrschung und Unabhängigkeit. Diogenes suchte also nach einer ehrlichen Person, die nicht von Eigennutz motiviert war.

Seine durchdringenden Augen und seine plötzliche Frage hinterlassen bei Ihnen ein unangenehmes Gefühl. Was weiss er über Sie? Sie zögern, bevor Sie antworten, aber auch als Sie zu reden beginnen, sind Sie sich sicher, dass er Ihre stockende Stimme bemerkt hat. Er setzt seine Suche nach einer ehrlichen Person fort, und Sie gehen nach Hause – und denken über Ihre unsichere Antwort nach.

DAS «WHO IS WHO» UNTER
DEN UNEHRLICHEN MENSCHEN

Wenn Sie Ihre Freunde und Kollegen fragen müssten, welche Personengruppen ihrer Meinung nach am unzuverlässigsten sind, würden die Ihnen möglicherweise Journalisten, berühmte Persönlichkeiten, Telefonverkäufer, Gebrauchtwagenhändler, Polizisten und andere nennen. Aber fast jeder würde Politiker auf eine solche Liste setzen, und das schon seit langem. Mark Twain schrieb: «Anhand von Zahlen und Fakten liesse sich wahrscheinlich belegen, dass es keine ausgeprägte uramerikanische kriminelle Schicht gibt ausser dem Kongress.»[6] Will Rogers witzelte: «Ein Politiker ist wie ein Taschendieb; es ist nahezu unmöglich, einen von ihnen zu bessern.»[7] Sogar der französische General und Politiker Charles de Gaulle sagte: «Da ein Politiker nie glaubt, was er sagt, überrascht es ihn doch sehr, wenn man ihn beim Wort nimmt.»[8]

Wir misstrauen Politikern, weil einige (zum Glück nicht alle!) haarsträubende Versprechungen vor der Wahl machen, die sie unmöglich halten können. Durch meine Arbeit in Chicago habe ich ganz neue Einblicke in die Realität von Politik und Korruption gewonnen. Das jüngste Beispiel ist das des ehemaligen Gouverneurs von Illinois, Rod Blagojevich, der die Überheblichkeit und den Betrug zu verkörpern scheint, die wir von Politkern mittlerweile erwarten. Nachdem dem Gouverneur bei seinem Amtsenthebungsverfahren das Wort erteilt wurde, brachte State Senator Matt Murphy die Meinung von vielen auf den Punkt. «Er erinnerte uns heute ausführlich daran, dass er ein aussergewöhnlich guter Lügner ist.» Anschliessend stimmte der Senat mit 59 zu 0 Stimmen dafür, Blagojevich seines Amtes zu entheben.

Leider ist Rod Blagojevich kein Einzelfall. Drei der letzten sieben Gouverneure von Illinois sind ins Gefängnis gekommen. Amanda Paulson verfasste einen scharfsinnigen Artikel, der erklärte, warum die Politik in Illinois von einer «Kultur der Korruption» durchdrungen zu sein scheint. «Politiker geben die Schuld teilweise dem lockeren moralischen System und den Gesetzen zur Wahlkampffinanzierung in Illinois. Das tiefer liegende Problem dürfte jedoch eine etablierte politische Kultur sein, in der geschäftliche – und finanzielle – Vorteile oftmals erwartet und unterstützt werden. Menschen, die in die Politik gehen, denken mehr an Macht und persönlichen Gewinn als daran, der Öffentlichkeit zu dienen, und die Öffentlichkeit misst ihre gewählten Beamten an geringen moralischen Prinzipien.»[9]

Diogenes hätte es schwer gehabt, eine durch und durch ehrliche Person in Springfield, Illinois, zu finden ... oder in Washington. Politiker sind nicht böser oder korrupter als die Gesellschaft als Ganzes. Aber sie unterliegen einer genaueren Prüfung, weil sie ihre Versprechungen öffentlich abgeben. Wir vertrauen unseren Führern die Vollmacht an, das Richtige zu tun, aber sie stehen vor zusätzlichen Versuchungen, die die Macht mit sich bringt. Edmund Burke schrieb: «Je grösser die Macht, umso gefährlicher ist ihr Missbrauch» ... und das ist eine Gefahr, in der alle Politiker stehen.

Ein ehrlicher Politiker

Hätte Diogenes zwei Jahrhunderte zuvor gelebt, hätte er seinen ehrlichen Menschen finden können. Und dieser ehrliche Mensch war ein Berufspolitiker! Bei seiner Geburt wurde er Daniel genannt, was «Gott ist mein Richter» bedeutet. Daniel wurde in eine königliche Familie im Königreich Juda hineingeboren. Aber sein silberner Löffel wurde schon bald matt. Als junger Mann musste er mit ansehen, wie Nebukadnezars Armee auf Jerusalem zumarschierte. Die Stadt kapitulierte, und Nebukadnezar gab die Anweisung, mehrere königliche «Geiseln» zu versammeln, die er mit nach Babylon nehmen konnte, um sich die Kooperation dieser eroberten Nation zu sichern. Zu ihnen gehörte auch Daniel.

In Babylon studierte Daniel drei Jahre lang Sprache, Gesetze und Literatur der Babylonier. Er machte seinen Abschluss mit *summa cum laude* ... der höchsten Auszeichnung in seiner Klasse! Dann machte er Karriere in der Regierung. Eine Karriere, die mehr als sechs Jahrzehnte überdauerte und zahlreiche Beförderungen und Ehrungen erlebte. Eine Karriere, die die Herrschaft von mindestens vier Königen in zwei verschiedenen Reichen umfasste. In sechs Jahrzehnten kann sich ein Politiker viele Freunde machen – und noch mehr Feinde. Feinde, die vor Eifersucht, Neid, Wut und Groll überschäumen ... Gefühle, die im Inneren von sonst kompetenten Personen nagen und sie zu irrationalen Taten drängen.

Die Krise kam am Ende seiner Karriere in der Regierung. Der König ernannte Daniel zu einem der drei hochrangigsten Minister seiner Regierung. (Er hatte den Stand eines Oberkabinettsministers erreicht.) Aber eine weitere Beförderung stand bevor. «Da sich nun dieser Daniel vor allen Ministern und Satrapen auszeichnete, weil ein so vortrefflicher Geist in ihm war, so nahm sich der König vor, ihn über das ganze Reich zu setzen» (Dan 6,4). Obgleich er zu dieser Zeit in seinen Achtzigern war, übertraf Daniel die Konkurrenz bei weitem.

Und wie reagierten seine politischen Rivalen?

«Da suchten die Minister und Satrapen eine Anklage gegen Daniel zu finden im Hinblick auf die Regierungsgeschäfte» (Dan 6,5a). Wie bringt man einen Politiker zu Fall? Suche nach schmutziger Wäsche, nach den Leichen im Keller.

> DANIEL HATTE DIE DINGE, DIE IHM AUFGETRAGEN WURDEN, TREU UND NACH BESTEN KRÄFTEN AUSGEFÜHRT.

Denken Sie darüber nach, wie gut es Ihnen erginge, würde sich eine Gruppe von mächtigen Personen heimlich dazu entschliessen,

Ihr Leben zu durchforschen. Sie würden Ihnen bei der Arbeit nachspionieren und festhalten, wann Sie morgens erschienen und wann Sie abends nach Hause gegangen sind. Sie würden die Büroklammern und Stifte in Ihrer Schublade zählen, um herauszufinden, ob etwas fehlt. Sie würden Ihnen nach Hause folgen, um festzustellen, wo Sie unterwegs anhalten. Ihre Post und bestellte Zeitschriften durchsehen, um zu erfahren, was Sie lesen. Ihren Müll durchwühlen, um Ihre Essgewohnheiten herauszufinden. Ihr Fernsehgerät und Ihren Computer überwachen, um Ihre Sehgewohnheiten kennen zu lernen. Ihre Steuererklärung nach «Unregelmässigkeiten» oder nicht angegebenen Einnahmen überprüfen. Ihre Kontoauszüge durchsehen, um alle Einzahlungen und Rechnungen zu überprüfen. Kurz gesagt, wie würde Ihre Akte aussehen, wenn eine Gruppe von Feinden alle erdenklichen Register ziehen und keine Kosten scheuen würde, um Ihr «wahres» Ich aufzudecken?

Stellen Sie sich vor, wie die Privatdetektive in einem dunklen Raum nachts ihren Bericht vorlegten. Ein paar flackernde Fackeln an den glänzenden Ziegelsteinmauern brachten Bildnisse von Löwen zum Vorschein, deren entblösste Fangzähne und wild starrenden Augen die Grausamkeit der anwesenden Verschwörer widerspiegelten. Im Raum befanden sich 120 Satrapen und die anderen beiden Minister. Sie kamen in rachsüchtiger Vorfreude zusammen und hofften, Daniel zu entlarven und sich – und dem König – zu beweisen, dass Daniel nicht besser war als jeder andere. Die Untersuchungen waren langwierig und mühsam, umso mehr, da sie im Geheimen stattfinden mussten. Weder Daniel noch der König konnten von der Ausspähung seiner Privatsphäre wissen. Hätte Daniel davon gewusst, wäre er möglicherweise in der Lage gewesen, ihre Bemühungen zu verhindern oder zusätzliche Vorsichtsmassnahmen zu ergreifen, um etwaiges belastendes Beweismaterial beiseite zu schaffen. Hätte der König es erfahren, hätte er vielleicht sein Missfallen gegenüber ihren Eifersüchteleien kundgetan und ihre Entlassung angeordnet ... oder ihren Tod!

Im Raum wurde es still, als der Hauptermittler das Podium betrat. Mit einem grimmigen Stirnrunzeln verkündete er den Anwesenden, dass die Detektive «keine Schuld oder irgendetwas Nachteiliges finden konnten, weil er treu war und keine Nachlässigkeit noch irgendein Vergehen bei ihm gefunden werden konnte» (Dan 6,5b). Daniel war blitzsauber!

Die Gruppe von Möchtegerngegnern musste widerwillig zwei wichtige Tatsachen über Daniels Handeln anerkennen. Erstens konnten sie keinen Hinweis auf Bestechlichkeit finden. Daniel hatte sich nicht bestechen lassen, kein Geld aus der öffentlichen Kasse zum eigenen Vorteil eingestrichen, keine Schmiergelder angenommen oder Freunde politisch bevorzugt. *Tatsünden* waren bei ihm nicht zu finden.

Zweitens konnten sie keine Anzeichen dafür ausmachen, dass er seinen Pflichten nicht nachkam. Er war nicht nachlässig geworden, kürzte keine Verfahren ab oder ignorierte seine Verantwortlichkeiten. Daniel hatte die Dinge, die ihm aufgetragen wurden, treu und nach besten Kräften ausgeführt. *Unterlassungssünden* waren bei ihm nicht zu finden.

Keine Bestechung. Keine Vernachlässigung von Pflichten. Daniel war so ehrlich, wie Politiker nur sein können, und die bei diesem Geheimtreffen anwesenden Personen mussten zu derselben Ansicht kommen, die auch der König hatte: Daniel spielte in seiner ganz eigenen Liga.

Ein lautes Klopfen auf das Podium liess das Gemurmel der Satrapen augenblicklich verstummen. «Gebt nicht alle Hoffnung auf», meinte der Sprecher, während sich auf seinem Gesicht ein unheilvolles Grinsen ausbreitete. «Unsere Suche hat noch etwas anderes zum Vorschein gebracht.» Obschon es anfangs übersehen wurde, bot dieser Punkt einen Hoffnungsschimmer in einem ansonsten trostlosen Bericht. «Wir werden gegen diesen Daniel keinen Anklagegrund finden, es sei denn im Gesetz seines Gottes!» (Dan 6,6).

Könnte es ein Zusammenhang zwischen Daniels Glauben und seinem Handeln bestehen? War er so ehrlich, weil er Gott im Himmel diente? Für diese Gruppe von verstimmten Beratern lag Daniels wunder Punkt in seiner unerschütterlichen Hingabe an seinen Gott. Er war so ehrlich und konsequent in seinem Handeln, dass ein Angriff auf seine religiösen Überzeugungen ihn nicht zwingen würde, seine Gewohnheiten zu ändern.

Sie hatten einen raffinierten Plan: Sie wollten sich beim König mit dem Vorschlag einschmeicheln, dass alle Gebete dreissig Tage lang nur an ihn gerichtet werden dürfen. Dass dieses Gesetz ganz offensichtlich nicht durchsetzbar war, war unwichtig. Die Führer dachten sich die Verordnung aus, um nur einer einzigen Person eine Falle zu stellen, und es funktionierte perfekt. Daniel, Mr. Ehrlichkeit in Person, war nicht gewillt, seinen Gott zu verleugnen ... oder seine öffentliche Hingabe an ihn zu verbergen. Sobald der König das Gesetz unterzeichnet hatte, eilten die Verschwörer zu Daniels Haus. Einige versammelten sich in der Strasse westlich seines Hauses, andere kletterten auf das Dach des Gebäudes auf der gegenüberliegenden Strassenseite. Sie alle wollten freie Sicht auf ein bestimmtes Fenster in seinem Haus – ein Fenster im Obergeschoss, das nach Westen hinausging, nach Jerusalem! Fast siebzig Jahre lebte Daniel nun schon in Babylon, aber nie hatte er seine Heimatstadt oder seinen Glauben vergessen. Das war der Ort, an dem er täglich betete, und sie hofften, dass er jetzt nicht damit aufhören würde. Wie erwartet, fanden sie ihn betend vor seinem offenen Fenster, «ganz wie er es zuvor immer getan hatte» (Dan 6,11).

Wenn alles gut läuft, kann jeder einen gottesfürchtigen Charakter zur Schau tragen. Nur wenige stehlen, wenn sie mit dem, was sie haben, zufrieden sind. Nur wenige lügen, wenn es zu ihrem Vorteil ist, die Wahrheit zu sagen. Nur wenige betrügen bei Prüfungen, wenn sie alle Antworten kennen. Aber Charakter wird im Schmelztiegel der Not geformt.

Der entscheidende Grund, warum Daniel die politischen Nachforschungen und im Anschluss die berüchtigte Löwengrube überlebte, war seine Ehrlichkeit. Nach seiner wundersamen Rettung erklärte Daniel, warum er verschont geblieben war. «Mein Gott hat seinen Engel gesandt und den Rachen der Löwen verschlossen, dass sie mir kein Leid zufügten, weil vor ihm meine Unschuld offenbar war und ich auch dir gegenüber, o König, nichts Böses verübt habe!» (Dan 6,23).

Wo ist die Ehrlichkeit hin?

Ehrlichkeit ist ein Charakterzug, der in der Geschichte hohes Ansehen genoss. Millionen von amerikanischen Schulkindern sind mit der Erzählung aufgewachsen, wie George Washington seinem Vater bekannte: «Ich kann nicht lügen. Ich habe den Kirschbaum gefällt.» Es irritiert ein wenig, wenn man herausfindet, dass die Geschichte nicht wahr ist! Mason Weems, ein amerikanischer Geistlicher der Episkopalkirche, der eine beliebte Biografie über George Washington verfasst hat mit dem Titel *Das Leben und die unvergesslichen Taten von George Washington*, hatte die Geschichte erfunden. Irgendwie erscheint es ironisch, dass ein Geistlicher eine Geschichte über George Washington fälschte, weil er Kindern etwas über Ehrlichkeit beibringen wollte.

Obschon die Geschichte nicht wahr ist, beeinflusste ihre Lektion Jahre später einen anderen Amerikaner. Abraham Lincoln wurde in Kentucky geboren und wuchs an der Grenze zu Indiana auf. Am Rand der Zivilisation war formale Bildung die Ausnahme, aber zwei Bücher hatten einen tiefen Einfluss auf Lincolns Leben. Das erste war die Bibel und das zweite Mason Weems' Biografie über George Washington. Ist es mit diesen beiden Büchern als Richtschnur ein Wunder, dass Abraham Lincoln als «Honest Abe» (der ehrliche Abraham) bekannt wurde?

In nur etwas mehr als einem Jahrhundert hat die westliche Welt aufgehört, Ehrlichkeit als Tugend zu preisen, und ist zu der Überzeugung gelangt, dass Ehrlichkeit nicht immer die beste Strategie ist. Verstehen Sie mich nicht falsch. Ich sage *nicht*, dass die

Gesellschaft vor hundert Jahren ehrlich war. Unehrlichkeit hat Gottes Schöpfung fast seit Beginn an verunstaltet. Der erste Versucher, der Teufel, wird «ein Lügner» genannt (Joh 8,44). Aber es hat alarmierende Züge angenommen, mit welcher Häufigkeit gelogen wird und wie akzeptabel Lügen in unserer Gesellschaft geworden sind.

Leider trifft dieser Trend ebenso auf die zu, die behaupten, Christus nachzufolgen, wie auf die Menschen, die das nicht tun. Rod Handley betonte, wie schwer dieses Problem wiegt. «Zahlreiche Studien zeigen, dass Christen ebenso wahrscheinlich wie Nicht-Christen falsche Angaben bei ihrer Steuererklärung machen, geistigen Diebstahl begehen, andere bestechen, die Schuld anderen zuschieben, Baupläne ignorieren, widerrechtlich Software kopieren, am Arbeitsplatz stehlen und den Gesetzen des Landes selektiv gehorsam sind.»[10]

Vertrauen ist ein zerbrechliches Gut. Einmal verloren, ist es äusserst schwer, es zurückzuerlangen. Uns fällt es schwer, jemandem zu vertrauen, der bei einer Lüge ertappt wurde.

Warum machen wir ein solches Aufheben um Ehrlichkeit?

Im Grunde glauben wir alle an Ehrlichkeit. Und doch haben wir alle Probleme, ehrlich zu sein. Natürlich drücken wir es nicht gerne so aus. Wir sagen lieber, wir «frisieren» einen Bericht oder eine Prüfung ein bisschen. Wir erzählen nur «kleine Notlügen», damit wir die Gefühle anderer nicht verletzen. Und wir «weichen von der Wahrheit ab», um uns beliebter zu machen oder uns der Menge anzupassen. Wir belügen uns selbst hinsichtlich unserer Ehrlichkeit gegenüber anderen Menschen.

Aber warum sollten wir die Wahrheit sagen? Welche persönlichen Vorteile bringt uns Ehrlichkeit? Die Bibel nennt drei positive Folgen von Ehrlichkeit. Ehrlichkeit fördert Vertrauen, ist ein positives Vorbild für andere und erfreut Gott.

Ehrlichkeit fördert Vertrauen

Wem vertrauen Sie? Schreiben Sie einmal fünf Personen auf, die Sie für vertrauenswürdig halten. Das können gute Freunde, Führungspersonen in der Gemeinde, Mitarbeiter, Persönlichkeiten aus Funk und Fernsehen oder nationale oder internationale Führungskräfte sein. Sie alle müssen gemeinsam haben, dass Sie ihnen vertrauen. Schauen Sie sich anschliessend Ihre Liste an und fragen Sie sich, welche Elemente diese Personen verbinden. Ich bin mir sicher, dass sie alle eine Eigenschaft gemein haben: Sie halten sie für ehrliche Menschen. Was sie sagen, was sie mit ihrem Geld machen, wie sie ihre Arbeit tun, wie sie andere behandeln – Menschen, die in diesen Bereichen einen ehrlichen Ruf haben, vertrauen Sie.

> WENN SIE ANDERE BELÜGEN,
> WERDEN SIE AM ENDE AUFFLIEGEN,
> GANZ GLEICH, WIE KLEIN ODER
> UNBEDEUTEND IHRE LÜGE IST.

Erstellen Sie nun eine Liste mit fünf Personen, denen Sie nicht vertrauen. Es können Menschen sein, die Sie kennen oder die in der Öffentlichkeit stehen. Schauen Sie sich auch diese Liste noch einmal an und fragen Sie sich, welche Elemente diese Personen gemeinsam haben. Die Menschen, denen Sie am wenigsten vertrauen, sind die, die in Ihren Augen unehrlich sind. Sie haben gelogen, betrogen oder waren auf die eine oder andere Weise unehrlich ... und deshalb vertrauen Sie ihnen nicht.

Warum kann man Gott vertrauen? Weil er nicht lügt und keine leeren Versprechungen macht. «Wenn wir das Zeugnis der Menschen annehmen, so ist das Zeugnis Gottes grösser; denn das ist das Zeugnis Gottes. ... Und darin besteht das Zeugnis, dass Gott uns ewiges Leben gegeben hat, und dieses Leben ist in seinem Sohn. Wer den Sohn hat, der hat das Leben; wer den Sohn Gottes nicht hat, der hat das Leben nicht» (1Jo 5,9.11-12). Gottes Ehrlichkeit gegenüber uns fördert das Vertrauen in ihn. Und dieses Vertrauen ist entscheidend für unser ewiges Schicksal.

Sind Sie vertrauenswürdig? Das möchten Sie gerne bejahen (Sie *hoffen* sicherlich, dass andere Ihnen vertrauen!). Aber Vertrauen ist ein Nebenprodukt von Ehrlichkeit. Wenn Sie andere belügen, werden Sie am Ende auffliegen, ganz gleich, wie klein oder unbedeutend Ihre Lüge ist. In dem Masse, in dem Sie Kompromisse mit der Ehrlichkeit eingehen, werden andere Ihnen weniger vertrauen.

Ehrlichkeit ist ein positives Vorbild für andere

In den zurückliegenden Jahrzehnten ist es mit der Ehrlichkeit steil abwärts gegangen. Die Menschen misstrauen den Politikern, und das noch verbliebene Vertrauen nimmt mit jeder Wahl weiter ab, wenn sich die Kandidaten gegenseitig Schuldzuweisungen machen. Politische Werbespots, untergemischte Halbwahrheiten und verfälschte Tatsachen lassen den einen Kandidaten besser dastehen, indem sie den Charakter des anderen diskreditieren. Selbst «Honest Abe» hätte bei all dem Schmutz, mit dem Politiker heute um sich werfen, seine liebe Mühe.

Dennoch sollten Christen nicht aufgeben. Die Wahrheit des Wortes Gottes strahlt am hellsten in der Dunkelheit. Unser Zeitalter hat kein Monopol auf Unehrlichkeit. Auch das Römische Reich wurde in der Anfangszeit der Gemeinde von diesem moralischen Verfall erfasst. Christen hoben sich davon ab, weil sie die Eigenschaften an den Tag legten, die den Menschen um sie herum fehlten.

Die Insel Kreta stand repräsentativ für den Sumpf an moralischen Werten in der römischen Welt. In der griechischen Literatur war «kretanisieren» ein Euphemismus für Lügen. In Titus 1 zitiert der Apostel Paulus den kretischen Dichter Epimenides, der den moralischen Zustand seines Landes fünf Jahrhunderte zuvor beschrieben hatte. «Die Kreter sind von jeher Lügner, böse Tiere, faule Bäuche!» (V. 12). Anschliessend bestätigte Paulus, dass diese Einschätzung noch immer stimmte. «Dieses Zeugnis ist wahr.» Wie konnte sich eine Gesellschaft mit einer Geschichte der Unehrlichkeit jemals ändern? Die Antwort liegt in dem positiven Vorbild der auf Kreta lebenden Gläubigen. Im nächsten Kapitel erklärt Paulus, wie alte Männer (2,2), alte Frauen (2,3), junge Frauen (2,4-5), junge Männer (2,6-8) und sogar Sklaven (2,9-10) zu Vorbildern werden konnten, die die Gesellschaft beeinflussen. Titus sollte «reden, was der gesunden Lehre entspricht» (2,1). Kreter mögen auf der ganzen Welt als Lügner bekannt gewesen sein, aber die Gläubigen in Kreta sollten nach einem anderen Massstab leben.

Neue Gesetze machen eine Gesellschaft nicht ehrlicher. Es gibt heute nicht genug Polizisten, um die bereits existierenden Gesetze durchzusetzen. Auch die Technologie macht eine Gesellschaft nicht ehrlicher. Das Finanzamt verwendet hoch entwickelte Computerprogramme, um Steuerbetrug aufzudecken, aber trotzdem betrügen viele nach wie vor bei ihrer Einkommensteuererklärung. Geschäfte geben Milliarden von Dollar für Sicherheit aus, aber die Ladendiebstähle hören nicht auf.

Die Welt braucht Vorbilder für ehrliches Handeln. Es werden Beispiele von Christen benötigt, die ihren Glauben im Alltag leben.

Ehrlichkeit erfreut Gott

Die entscheidende Frage zum Thema Ehrlichkeit ist nicht, was wir darüber denken, sondern was Gott darüber denkt. Wie sieht Gott Ehrlichkeit?

In Sprüche 11,1 schrieb Salomo: «Falsche Waage ist dem HERRN ein Gräuel, aber volles Gewicht gefällt ihm wohl.» Auf dem Marktplatz herrschte reges Treiben. Jeder Verkäufer pries den Passanten seine Waren an und versuchte sie zum Stehenbleiben und Kaufen zu bewegen. Kinder lachten und flitzten durch die Menge, und abgelenkte Mütter mussten das Feilschen unterbrechen, um sie erfolglos zu ermahnen. Der Geruch von frisch gebackenem Brot vermischte sich mit dem Duft von Ysop und pikantem Joghurt. Ausserhalb des Stadttores standen Getreidekörbe und Weinkrüge neben Haufen von Trauben und Feigen. Die Händler führten rege Verhandlungen. Nachdem man sich auf den Preis geeinigt hatte, holte der Verkäufer zwei Waagschalen hervor. Der Verkäufer legte die entsprechenden Gewichte auf die eine Seite und der Käufer seine Münzen auf die andere. Wenn sich die Schalen im Gleichgewicht befanden, war die Bezahlung ausreichend.

Damals war die Überprüfung und Zertifizierung der Schalen bürokratisch nicht geregelt. Archäologen haben an zahlreichen Fundorten Steingewichte entdeckt, und keine zwei Gewichtspaare waren exakt gleich. Die Versuchung für den Verkäufer war gross, jedes Gewicht ein bisschen schwerer zu machen als die akzeptierte Norm. Der durchschnittliche Käufer konnte nicht wissen, dass er bei dem Geschäft etwas mehr bezahlt hatte als nötig. Aber Gott wusste es. Salomo will mit seinem Spruch zum Ausdruck bringen, dass *Gott* derjenige ist, dem solch ein Handeln entweder gefällt oder missfällt.

Gott erwartet Ehrlichkeit von den Menschen, die ihn als ihren himmlischen Vater bezeichnen. Er möchte, dass seine Kinder seine «Familienähnlichkeit» aufweisen ... und das schliesst Ehrlichkeit ein. Dennoch benutzen einige Christen Ehrlichkeit als Entschuldigung für unhöfliches und unverschämtes Benehmen. Bedeutet Ehrlichkeit, dass wir uns anstössig verhalten müssen?

REDET DIE WAHRHEIT ... UND IN LIEBE

In der ersten Hälfte seines Briefes an die Epheser beschrieb der Apostel Paulus den geistlichen Reichtum, den Gott seiner Gemeinde gegeben hat. In der zweiten Hälfte konzentrierte er sich auf die neue Stellung jedes Gläubigen in Christus. Sie sollte praktische Veränderungen in seinem täglichen Verhalten zur Folge haben. Einer der ersten Bereiche, in denen sich laut Paulus etwas verändern sollte, ist Ehrlichkeit. «Darum legt die Lüge ab und »redet die Wahrheit, jeder mit seinem Nächsten«, denn wir sind untereinander Glieder» (Eph 4,25). Aber wir müssen die Aussage von Paulus in ihrem Kontext betrachten. Nur ein paar Verse zuvor hatte er von dem Motiv gesprochen, das alle unsere Worte leiten sollte. «Lasst uns aber die Wahrheit reden *in Liebe* und in allem hinwachsen zu ihm, der das Haupt ist» (Eph 4,15; s. RELB; Hervorhebung durch den Autor). Manche Dinge mögen zwar der Wahrheit entsprechen, aber sie bleiben besser ungesagt, wenn sie nicht durch Liebe motiviert sind.

Ehrlichkeit – von Liebe geleitet – ist immer die beste Strategie. Manchmal verlangt die Liebe von uns, unseren Mund zu halten, statt auf unfreundliche Weise seine Meinung zu sagen. Ein andermal erfordert es die Liebe jedoch, einem Freund zu sagen, was er hören muss, auch wenn er es nicht will. Eine solche Ehrlichkeit wird die meisten echten Freundschaften noch vertiefen.

In den Sprüchen sprach Salomo von der Ehrlichkeit eines Freundes. Wahre Freunde sind Personen, von denen wir uns auch unangenehme Dinge sagen lassen ... Zurechtweisungen, die blinde Flecken in unserem Leben offen legen. Salomo beschrieb den Wert einer solchen Ehrlichkeit von Freunden.

Sprüche 27,6 «Treu gemeint sind die Schläge des Freundes, aber reichlich sind die Küsse des Hassers.»
[Ein Freund sagt uns, was wir hören müssen, auch wenn die Wahrheit schmerzt.]

Sprüche 27,9 «Öl und Räucherwerk erfreuen das Herz, so auch die süsse Rede eines Freundes aus dem Rat seiner Seele.»
[Für einen ehrlichen Rat von einem Freund sollten wir dankbar sein.]

Sprüche 27,17 «Eisen schärft Eisen; ebenso schärft ein Mann den anderen.»

[Ein wahrer Freund verursacht manchmal «Reibung und Funken» in unserem Leben, aber die Ergebnisse sind immer positiv.]

NACHDENKEN UND ANWENDEN

Es ist nicht immer leicht, ehrlich zu sein. Es kann sogar unangenehm, peinlich und unpopulär sein ... aber Gott erwartet von seinen Kindern, dass sie sein Interesse an Ehrlichkeit teilen.

1. In welchen Lebensbereichen haben Sie Probleme, völlig ehrlich zu sein?

2. Was können Sie in den nächsten sieben Tagen tun, um in Wort und Tat ehrlicher zu werden?

3. Können Sie sich an ein Beispiel aus der Vergangenheit erinnern, wo Ihre Ehrlichkeit andere verletzt hat? Bitten Sie Gott im Gebet, Ihnen zu helfen, die Sache in Ordnung zu bringen, auch wenn es von Ihnen ein Bekenntnis und Wiedergutmachung erfordert.

4. Lernen Sie Epheser 4,15 auswendig und versuchen Sie in den kommenden Tagen bewusst, «die Wahrheit in Liebe [zu] reden.»

«Hört, denn ich habe Vortreffliches zu sagen, und meine Lippen öffnen sich für aufrichtige Rede. Denn mein Mund redet Wahrheit, und meine Lippen verabscheuen Gottlosigkeit.»
(Spr 8,6-7)

MITGEFÜHL IST DIE MANCHMAL FATALE FÄHIG-
KEIT, SICH IN EINE ANDERE PERSON HINEINVER-
SETZEN ZU KÖNNEN. DAS WISSEN, DASS ES FÜR
MICH NIE ECHTEN FRIEDEN UND ECHTE FREUDE
GEBEN KANN, BIS AUCH DU FRIEDEN UND
FREUDE GEFUNDEN HAST.

– *Frederick Buechner*

2. WITWEN UND WEIZENFELDER – Mitgefühl

IST MITGEFÜHL AUS DER MODE?

Warnung! Zu viel Mitgefühl könnte gesundheitsgefährdend sein! Das wäre eine mögliche Überschrift für einen humorvollen Artikel, der in der *Dallas Morning News* erschien. Der Autor beschrieb die beinahe verhängnisvollen Bemühungen einer freundlichen Bibliothekarin, die einem festsitzenden Autofahrer helfen wollte:

Sie fuhr vorbei und sah diesen Mann, der neben seinem Auto stand und versuchte, jemanden zum Anhalten zu bewegen. Sie stoppte, und er teilte ihr mit, dass seine Batterie leer war. Er fragte sie, ob sie ihm Starthilfe geben könnte. «Klar doch», erwiderte sie, «aber ich habe das noch nie gemacht.»

«Nehmen Sie einfach eine Geschwindigkeit von 30 Meilen auf und schieben sie mich an, das sollte zum Starten reichen.»

«Sind Sie sicher?»

«Natürlich, ich habe es schon hundert Mal gemacht.»

Sie setzte ihren Wagen zurück. Noch ein bisschen mehr. Und noch etwas. Dann drückte sie aufs Gas, liess die Reifen quietschen und schoss wie eine Rakete auf den hinteren Teil seines Autos los. Der Mann wurde bleich wie ein Geist, schrie, betete, sprang zur Seite und fing an, wie verrückt mit den Armen zu winken. «Nein! Neiiiin! Stopp! Stoooopppp!» Sie stieg hart auf die Bremse, rutschte zur Seite und schaffte es gerade noch so, eine totale Katastrophe zu verhindern. «Er hatte mir nicht gesagt», meinte sie, «dass wir zuerst Stossstange an Stossstange stehen mussten.»[11]

Wir lachen über diese Geschichte, da sie uns an Lebenssituationen erinnert, in denen Missverständnisse zu Problemen führten. Aber das Traurige an der Geschichte ist: Die meisten von uns können sich nicht wirklich in die Bibliothekarin hineinversetzen, weil wir *niemals* auf der Autobahn anhalten würden, um einem Fremden zu helfen. Unsere Angst, ausgeraubt zu werden – oder vor noch Schlimmerem! –, hält uns hinter verschlossenen Fenstern und Türen in unserem Auto fest. Die Angst lässt das Mitgefühl in den Hintergrund treten. Aber Angst ist nicht der grösste Feind des Mitgefühls. Der grösste Feind ist die Selbstsucht. Die natürliche Tendenz ist, «sich um die alte Nummer eins zu kümmern – mich selbst.» Wir kümmern uns nicht um andere, weil wir so sehr mit uns selbst beschäftigt sind.

DIE «SCHRECKLICHE ZWEI» DER NATION

Es ist noch nicht lange her, dass die Vereinigten Staaten ihr 200-jähriges Bestehen als Nation gefeiert haben. Gerade erst den historischen Windeln entwachsen, sind wir ein Jugendlicher unter den anderen Zivilisationen der Welt. Wären die Vereinigten Staaten tatsächlich ein Kind, könnten wir ihre gegenwärtige Ichbezogenheit und Gewalt womöglich der «schrecklichen Zwei» zuschreiben – das Alter, in dem ein einst so süsses Kind aufsässig wird.

Die Bibel liefert einen detaillierten Bericht über eine andere Nation, die mit ihrer «schrecklichen Zwei» zu kämpfen hatte. Das Volk war Israel. Nur zwei Jahrzehnte, nachdem es Gottes verheissenes Land betreten hatte, war Israel ausser Kontrolle. Entsprechend seiner «schrecklichen Zwei» stampfte das Volk mit den Füssen und sagte nein zu Gott. Infantile Tobsuchtsanfälle, törichtes Handeln und Gewaltausbrüche wechselten sich mit Zeiten relativen Friedens und der Ruhe ab. Starke, tatkräftige Eltern können helfen, diese kindlichen Ausbrüche in Grenzen zu halten, aber eine solche Autoritätsperson gab es in Israel nicht. Es war die Zeit der Richter, als «es keinen König in Israel gab; jeder tat, was recht war in seinen Augen» (Ri 17,6; 18,1; 19,1; 21,25). Ein zweijähriges Kind ohne elterliche Aufsicht ist ein erschreckender Gedanke. Stellen Sie sich vor, ein neugieriges, unbeaufsichtigtes Kleinkind würde in Ihr Zuhause eindringen. Der potentielle materielle oder körperliche Schaden wäre immens! Ein Kind muss beaufsichtigt werden. Aber wie kann aus einem egoistischen Volk ein mitfühlender König hervorgehen? Wohin konnte sich Israel wenden, um die Art von Führungsperson zu finden, die es in seiner Verzweiflung brauchte? Gott gibt die Antwort im Buch Ruth.

VON DER KINDERLOSIGKEIT ZUM SEGEN

Den historischen Hintergrund der Ereignisse im Buch Ruth finden wir gleich im ersten Vers: «Und es geschah in den Tagen, als die Richter regierten.» Es war eine Zeit nationalen, religiösen und moralischen Verfalls, als fremde Mächte das Volk Israel unterdrückten. Die Schwierigkeiten, die das Volk während der Zeit der Richter erlebte, resultierten aus seinem Ungehorsam gegenüber dem Gesetz Gottes. Von Moab und Midian im Osten (Ri 3,12-14; 6,1), dem König von Hazor im Norden (4,1-3) bis hin zu den Philistern im Westen (13,1) litt Israel unter ausländischer Unterdrückung. Horden von Männern auf Kamelen schwärmten durch die Jesreel-Ebene (6,3-5), und man musste die Ernte im Verborgenen einfahren, um den mageren Ertrag nicht zu gefährden (6,11). Das Leben zur Zeit der Richter war hart.

Gottes Vorsorge für Naemi durch die Treue von Boas und Ruth ähnelt der nationalen Geschichte, dass Gott für das Volk durch die Nachkommen von Boas und Ruth sorgte.

Auf der Suche nach einem besseren Leben zogen Naemi, ihr Mann und ihre beiden Kinder von Israel nach Moab. Vor der Hungersnot flüchtend, hofften sie in diesem neuen Land auf einen Neubeginn. Doch aus der anfänglichen Aufbruchsstimmung wurde tiefe Trauer, als Naemis Mann starb. Naemi, mittlerweile eine Frau mittleren Alters mit zwei älteren Söhnen, sah ihre Möglichkeiten schwinden. Die Ehen der Söhne mit «fremden» Frauen verursachten bei ihr den Anflug eines schlechten Gewissens, aber die Schwiegertöchter erwiesen sich als wunderbare Ehefrauen, die ihre Männer und ihre Schwiegermutter sehr liebten.

Weniger als zehn Jahre später ereignete sich erneut eine Tragödie, als beide Söhne unerwartet starben. Drei trauernde Witwen sassen zusammen und beklagten ihr unerträgliches Unglück, als sie die Nachricht erhielten, dass die Hungersnot in Israel zu Ende war. Eine verbitterte und kinderlose Naemi nahm ihre letzte Kraft zusammen und beschloss, dass es Zeit war, nach Hause zurückzukehren.

Ihre treuen Schwiegertöchter packten gehorsam ihre Habseligkeiten und schlossen sich Naemi auf ihrer Reise an. Naemi befreite sie von ihrer Pflicht und drängte sie, zu ihren Familien zurückzugehen. Weinend kehrte Orpa um, aber die andere weigerte sich. «Denn wo du hingehst, da will ich auch hingehen, und wo du bleibst, da will ich auch bleiben; dein Volk ist mein Volk, und dein Gott ist mein Gott!» (Rt 1,16). Ruth kümmerte sich um Naemi, und ihr Mitgefühl entsprang der Wahrheit, die sie über Naemis Gott erfahren hatte.

> ES IST NORMAL, DASS SPANNUNGEN
> EXISTIEREN ZWISCHEN EIGENTÜMERN UND
> ARBEITERN, ZWISCHEN DENEN, DIE ETWAS
> BESITZEN, UND DENEN, DIE NICHTS HABEN.

Die Reise von Moab nach Bethlehem war äusserst anstrengend. Zuerst mussten sie das Tote Meer an der Landzunge überqueren, die am Südende hervorragte. Anschliessend wanderten sie nördlich nach En-Gedi, wo sich ein schmaler Weg die steilen Klippen in die zerklüftete Wüste Juda hinaufschlängelte. Die ganze Reise betrug fast hundert Kilometer – eine anstrengende viertägige Wanderung, auf der sie hunderte von Höhenmetern überwinden und alles mit sich tragen mussten (inklusive Trinkwasser)! Der lange Marsch führte die erschöpften Frauen durch die Landschaft am Toten Meer und der Wüste Juda. Schliesslich erreichten die beiden müden Frauen Bethlehem. Realistisch betrachtet, sah die Situation für Naemi und Ruth düster aus. Beide hatten keine Ehemänner mehr, die sie beschützen und für sie sorgen konnten. Sie hatten kein Vermögen, keine Ressourcen, keine Aussichten. Auf der jüngeren Frau lagen der Makel und das Vorurteil, eine «Ausländerin» zu sein. Es existierte keine starke Regierung, die für sie sorgen konnte. Vergessen Sie nicht, es war die Zeit der Richter. Wenn zwei Menschen jemals Mitgefühl nötig hatten, dann waren es Naemi und Ruth.

Boas kommt vorbei

Im ersten Vers von Ruth 2 sehen wir Boas. Der Verfasser stellt ihn nicht nur als einen Verwandten von Naemis ehemaligem Mann vor, sondern nennt ihn auch einen «sehr angesehenen Mann» (2,1). In den meisten westlichen Gesellschaften assoziieren wir diesen Ausdruck heute mit Wohlstand, Macht, Prestige und Führerschaft. Und all das finden wir in einem gewissen Masse auch bei ihm. Boas ist wohlhabend genug, um zahlreiche Felder zu besitzen, und er hat die Aufsicht über seine Arbeiter. Der Ausdruck gibt aber auch einen Hinweis auf Boas' moralischen Zustand. Er hat einen guten Ruf unter den Menschen. Er ist ein Mann von Integrität und Charakter. Er ist ein mitfühlender Mann. Und diese Seite seiner Persönlichkeit spielt eine Schlüsselrolle im Rest der Geschichte. Boas weist vier charakteristische Aspekte von Mitgefühl auf, die ihn in Bethlehem zu einem angesehenen Mann machten.

Seine Worte waren freundlich

Angetrieben von der Not, Nahrung für ihre Schwiegermutter und sich selbst zu besorgen, ging Ruth auf die goldenen Gerstenfelder, die Bethlehem wie eine Patchworkdecke umgaben. Gottes Gesetz erlaubte es ihr, den Arbeitern zu folgen und die Ähren aufzulesen, die sie übrig liessen. Gott hatte die Israeliten ausdrücklich angewiesen: «Wenn ihr aber die Ernte eures Landes einbringt, so sollst du dein Feld nicht bis an den Rand abernten und keine Nachlese deiner Ernte halten, sondern es dem Armen und dem Fremdling überlassen» (3Mo 23,22). Ruth, sowohl arm als auch fremd, war dazu berechtigt.

Boas besuchte seine Felder, um die Ernte zu beaufsichtigen und um zu sehen, welche Fortschritte seine Arbeiter machten. Eine soziale Kluft trennte Boas von seinen Arbeitern. Er war ein angesehener Mann und sie angeheuerte Knechte. Ihm gehörten die Felder, sie arbeiteten nur auf ihnen. Es ist normal, dass Spannungen existieren zwischen Eigentümern und Arbeitern, zwischen denen, die etwas besitzen, und denen, die nichts haben. Aber Boas sah nicht herab auf seine Knechte.

Als Boas die Erntefelder erreichte, begrüsste er die Arbeiter: «Der HERR sei mit euch!» Und sie antworteten ihm im gleichen Ton: «Der HERR segne dich!» Boas' Worte machen seine freundliche Einstellung deutlich. Er zeigte Interesse an seinen Arbeitern und brachte seine Grüsse und Liebe verbal zum Ausdruck. Die Reaktion der Arbeiter deutet an, dass sie ihn schätzten. Boas war ein freundlicher Arbeitgeber und sie respektierten ihn.

Er machte seine Fürsorge deutlich

Worte sind ein wichtiges Mittel, um unser Interesse auszudrücken, aber sie klingen hohl, wenn sie nicht von Taten getragen werden. Da er ein gütiger Mann war, fielen Boas freundliche Worte nicht schwer. Seine Fürsorge strahlte besonders hell, als er sah, wie Ruth unter seinen Arbeitern Ähren einsammelte. Als er sich beim Vorarbeiter nach Ruth erkundigte, bekam er knappe Antworten (Rt 2,6-7).

- «Das ist die moabitische junge Frau» (sie ist eine Ausländerin),
- «die mit Naemi aus dem Gebiet von Moab zurückgekommen ist» (sie ist ihrer Schwiegermutter treu)

- «Sie hat gesagt: 'Lass mich doch auflesen und zwischen den Garben sammeln'.» (sie respektiert Autoritäten)
- «Sie kam und blieb vom Morgen an bis jetzt.» (sie ist eine gute Arbeiterin).

Boas zeigte seine Fürsorge, indem er sich um Ruths Schutz und Ertrag kümmerte. Eine unverheiratete Frau, und zudem noch eine Ausländerin, war Gefahren ausgesetzt, wenn sie sich allein auf die Felder wagte. Boas ermutigte Ruth, bei den Schnittern zu bleiben. «Habe ich nicht den Knechten geboten, dass dich niemand antasten soll?» (Rt 2,9). Er kümmerte sich auch um ihre körperlichen Bedürfnisse. «Und wenn du Durst hast, so geh hin zu den Gefässen und trinke von dem, was die Knechte schöpfen!» Boas liess seinen freundlichen Worten entsprechende Taten folgen.

Er zeichnete sich durch eine herzliche Aufnahme aus

Manch einer mag denken, dass sich Boas nur aufgrund ihrer Schönheit von Ruth angezogen fühlte. Doch der Text lässt etwas anderes erkennen. Boas war zuerst von ihrer Treue und Hingabe an ihre Schwiegermutter und von ihrer harten Arbeit beeindruckt. Nach dieser freundlichen Aufnahme verneigte sich Ruth erstaunt und fragte: «Warum habe ich vor deinen Augen Gnade gefunden, dass du dich um mich kümmerst, da ich doch eine Fremde bin?» (Rt 2,10). Ruth war aufgefallen, dass nicht alle Israeliten ihre Anwesenheit schätzten. Obgleich sie erst kurze Zeit in der Stadt war, hatte sie möglicherweise schon Verleumdungen und kleine Anzeichen von Feindseligkeit wahrgenommen, die sagten: «Du gehörst nicht zu uns!» Warum war Boas so anders?

Boas' Antwort sprach Bände: «Es ist mir alles erzählt worden, was du an deiner Schwiegermutter getan hast» (Rt 2,11). Boas sah in Ruth nicht eine Moabiterin, sondern eine Schwiegertochter, die sich so sehr um ihre Schwiegermutter kümmerte, dass sie bereit war, rassistische Äusserungen und persönliche Angriffe in Kauf zu

nehmen, um Nahrung für ihre Schwiegermutter zu beschaffen.
Boas sah Ruth durch Gottes Augen. Und er wünschte dieser gutherzigen Ausländerin den Segen Gottes. «Der HERR vergelte dir deine Tat, und dir werde voller Lohn zuteil von dem HERRN, dem Gott Israels, zu dem du gekommen bist, um Zuflucht zu suchen unter seinen Flügeln!» (Rt 2,12).

Die Anwesenheit dieser Ausländerin in ihrer Mitte mag für einige in Bethlehem kaum zu ertragen gewesen sein. Möglicherweise waren sie abgeneigt, weil Moab und Israel früher einmal gegeneinander gekämpft hatten. Als Eglon, der König von Moab, Israel achtzehn Jahre lang unterdrückte, hatten sicher viele Israeliten ihr Leben verloren (Ri 3,12-14). Vielleicht missgönnten sie ihr auch die Ähren, die sie auf den Feldern einsammelte – Getreide, das sie selbst gern gehabt hätten. Aber Boas war anders. Er sah ihre Treue und hoffte, der Herr würde sie segnen. Er wusste nicht, dass Gott seinen Wunsch erfüllen sollte ... durch ihn! Ruth war dankbar. Obwohl ihr sozialer Status geringer war als der einer «deiner Mägde», nahm Boas sie auf. Dass Boas sie «getröstet» und ihr «freundlich zugesprochen» hatte (Rt 2,13) – zwei grundlegende Aspekte von Mitgefühl, die selten zu finden sind –, überwältigte Ruth.

Er war grosszügig

Boas hatte gütige Absichten, aber sein Mitgefühl war auch praktischer Natur. Tröstende Worte sind nichts mehr als leere Wünsche, solange ihnen nicht grosszügige Taten folgen. Wir alle kennen Menschen, die «gute Worte haben», deren Absichten aber nie vom Mund in die Hände übergehen.

> RUTH FAND SCHUTZ, AUFNAHME UND ERMUTIGUNG. KURZ GESAGT, IHR WURDE MITGEFÜHL ENTGEGENGEBRACHT.

Zur Mittagszeit war die Hitze in Bethlehem am unerträglichsten. Von einem wolkenlosen Himmel schien die Sonne direkt auf die Köpfe der Menschen. Ihre Intensität zehrte an den Kräften derer, die seit Sonnenaufgang gearbeitet hatten. Die Arbeiter trieb es in den Schutz der provisorischen Hütten, die neben den Feldern aufgestellt waren. Dort standen Tonkrüge mit Wasser und frisch geröstete Körner und Brot sorgten für die Stärkung der müden Arbeiter. Diese ruhten sich auf dem Boden aus und sprachen über die neusten Nachrichten. Der Schatten war erfrischend, das Wasser kühl und das Brot frisch gebacken. Die angeheuerten Arbeiter erwarteten solche Bedingungen, aber der Eigentümer war nicht verpflichtet, für jene zu sorgen, die nicht zu seinen Knechten gehörten.

Ruth machte sich an ihrem ersten Tag auf den Erntefeldern keine Illusion, eine besondere Vergünstigung zu erhalten. Sie hoffte vor allem, von niemandem belästigt zu werden. Boas' freundliche Worte hatten sie schon sehr überrascht, jetzt aber ging er zu ihr und sagte: «Komm her und iss von dem Brot und tunke deinen Bissen in den Essig!» Als Ruth mit den anderen Arbeitern in den Schatten der Hütte trat, «gab er ihr geröstetes Korn» (Rt 2,14). Boas' Grosszügigkeit muss Ruth verblüfft haben. «Sie ass und wurde satt und liess übrig.» Boas geizte nicht mit seinen lobenden Worten ... oder seinen Nahrungsmitteln!

Boas erfüllte Ruths unmittelbare Bedürfnisse nach Nahrung, Ruhe und Schutz. Aber seine Grosszügigkeit reichte über diese sichtbaren Beweise seiner Güte hinaus. Als sie ging, wandte er sich an seine Männer und ordnete an, dass sie etwas für Ruth liegen lassen sollten! «Lasst sie auch zwischen den Garben auflesen und tut ihr nichts zuleide! Und ihr sollt auch aus den Ährenbündeln etwas für sie herausziehen und es liegen lassen, damit sie es auflesen kann, und ihr sollt sie deswegen nicht schelten!» (2,15-16). Boas traf eine längerfristige Vorsorge für Ruths Bedürfnisse, ohne ihr die Würde zu nehmen.

Nach nur einem Tag wusste Naemi, dass Gott am Werk war. Als Ruth von der Ernte zurückkam, brachte sie etwa ein Epha Gerste mit. Das war viel mehr, als man von einem einzigen Arbeiter erwarten konnte, der verstreute Ähren aufsammelte, die den Arbeitern heruntergefallen waren. Kein Wunder, dass Naemi fragte: «Wo hast du heute aufgelesen, und wo hast du gearbeitet? Gesegnet sei, der sich um dich gekümmert hat!» (Rt 2,19). Boas' Grosszügigkeit hielt während der ganzen Gersten- und Weizenernte an. Fast zwei Monate arbeitete Ruth unter den Arbeitern von Boas. Ruth fand Schutz, Aufnahme und Ermutigung. Kurz gesagt, ihr wurde Mitgefühl entgegengebracht.

DIE ERGEBNISSE DES MITGEFÜHLS

Das Mitgefühl eines Mannes veränderte das Leben zweier verwitweter Frauen – Ruth und Naemi. Die Geschichte ist ein heller Fleck in einem ansonsten dunklen Kapitel in Israels Geschichte. Während «jeder tat, was recht war in seinen Augen», tat Boas, was recht war in den Augen Gottes. Aber welche Auswirkungen konnte eine so freundliche Tat für das Volk haben? Konnte das Mitgefühl eines Mannes in einer kleinen Stadt die ganze Nation beeinflussen? Das letzte Kapitel des Buches Ruth sagt Ja!

Wie in einem reizenden Märchen überwanden Ruth und Boas die Not und heirateten. Doch statt zu sagen: «Und wenn sie nicht gestorben sind, so leben sie noch heute», führt der Verfasser am Ende das Vermächtnis des Paares auf, das in Israel weit über seine Zeit hinausreichte. Ruth und Boas hatten einen Sohn namens Obed. Dieses Kind wuchs auf und zeugte einen Sohn namens Isai. Dieser bekam acht Söhne, von denen der jüngste König David war!

Ruths Mitgefühl für Naemi und Boas' Mitgefühl für Ruth brachten letzten Endes Israels grössten König hervor. Das Buch, das mit «und es geschah in den Tagen, als die Richter regierten» beginnt (1,1), endet mit David, dem König, der das Volk auf den richtigen Weg brachte. Das entscheidende Element für den Wechsel vom Chaos zum Königtum im Buch Ruth war das Mitgefühl von Ruth und Boas!

«Hesed»-Projekte

1981 begann ich das erste Mal zu unterrichten. In diesen frühen Tagen meines Lehrdienstes war mein Ansatz viel «akademischer.» Ich setzte Halbjahres- und Abschlussprüfungen an, weil ich von meinen Studenten wollte, dass sie wichtige biblische Fakten auswendig lernen. Doch in einem Sommer veränderte sich meine Perspektive komplett.

In einem fünfwöchigen Sommerseminar unterrichtete ich meinen Lieblingsstoff, einen Überblick über die Propheten. Die Halbjahres- und Abschlussprüfungen waren bereits vorbereitet. Alles war soweit, und ich war aufgeregt (vielleicht sogar ein bisschen stolz). Meine Studenten würden am Ende jeden der alttestamentlichen Propheten verstehen.

Aber in diesem Sommer lief irgendetwas völlig schief. In diesen fünf Wochen, während ich meinen Kurs unterrichtete, versagten drei Personen moralisch, die ich kennen gelernt hatte, als ich Student im Seminar war. Jeder zerstörte seine Familie, schadete einem Dienst und brachte dem Namen Christi Unehre. Aber wie konnte das passieren? Wir hatten dieselben Seminarklassen besucht, dieselbe Bibel studiert und dieselben Prüfungen abgelegt. Dennoch war die Wahrheit des Wortes Gottes irgendwie nicht in ihre Herzen gedrungen. Etwas war falsch!

Dieser furchtbare Sommer veränderte meinen Lehransatz. Als ich darüber betete, was ich tun konnte, um anderen Studenten zu helfen, solche Fallen zu umgehen, kam ich zu dem Schluss, dass das Auswendiglernen blosser Fakten nicht reichte. Wir können unempfänglich für das Wort Gottes werden, wenn wir es nicht in unserem Leben anwenden. Unsere Beziehungen zu anderen können erkalten, wenn wir nicht hart daran arbeiten, Mitgefühl, Interesse und Fürsorge zu entwickeln.

Ich ersetzte meine Halbjahres- und Abschlussprüfungen durch «*Hesed*»-Projekte, und ich sage meinen Studenten noch immer, dass dies die allerwichtigsten Projekte des ganzen Jahres sind. Sie müssen zwei solcher Projekte beenden, um jeden meiner Kurse zu bestehen. Aber was ist ein «*Hesed*»-Projekt? Lassen Sie mich das anhand meines Lehrplans deutlich machen.

Hesed ist das alttestamentliche Wort für «Liebestreue» und enthält den Gedanken an liebevolle Treue gegenüber einer Bundesbeziehung. Die alttestamentliche Weisheitsliteratur und die Propheten betonen wiederholt die Notwendigkeit von Bundestreue – sowohl gegenüber Gott als auch dem Menschen. Eine Gefahr in der Schule ist die Tendenz, «nur Hörer des Wortes» zu sein – Wissen und Handeln voneinander zu trennen. Gläubige müssen sich die Zeit nehmen, in ihren Beziehungen zu anderen Bundestreue zu entwickeln und zu pflegen. Diese beiden «*Hesed*»-Projekte haben die Halbjahres- und Abschlussprüfungen abgelöst, um jedem Student die Zeit zu ermöglichen, «Liebestreue» zu anderen zu entwickeln.

Jedes «Projekt» enthält die folgenden Elemente.

1. Planen Sie eine Aktivität, die Sie und jemand anderes ausführen kann und die
   - etwa vier Stunden dauert
   - ausserhalb der Schule stattfindet
   - eine Zeit christlicher Gemeinschaft und Freude beinhaltet.
2. Nehmen Sie selbst an der Aktivität teil.
3. Schreiben Sie eine Zusammenfassung und geben Sie sie mit den Halbjahres- und Abschlussberichten ab.

Ich ermutige die Studenten zu einer kreativen Planung der Projekte. Wenn sie verheiratet sind, machen sie vielleicht ein Picknick, einen Zoobesuch, eine Fahrradtour mit der Familie oder einen

Besuch an einem Ort, den sie noch nicht kennen. Für Verheiratete liegt der Schwerpunkt darauf, etwas zu unternehmen, woran die ganze Familie Freude hat. Wenn sie unverheiratet sind, rate ich ihnen, einen Freund zum Abendessen einzuladen, zusammen zu wandern, fischen zu gehen oder ein Sportereignis zu besuchen. Sie sollen sich Zeit nehmen, um die Gesellschaft des anderen zu geniessen.

Die Reaktion darauf war überwältigend. Ich habe einen Ordner mit Karten, Briefen und handgezeichneten Bildern von den Partnern und Kindern der Studenten, in denen sie mir für das «Hesed»-Projekt danken. Ehemalige Studenten rufen mich an und teilen mir mit, dass sie noch immer «Hesed»-Projekte mit ihrer Familie durchführen.

Liebestreue und Mitgefühl passen zusammen. Menschen, die sich in einer Beziehung engagieren, zeigen anderen gegenüber Fürsorge und Mitgefühl. In Klagelieder 3 sieht Jeremia in Gottes Gnade und Barmherzigkeit zwei Säulen der Hoffnung. «Gnadenbeweise (hesed) des HERRN sind's, dass wir nicht gänzlich aufgerieben wurden, denn seine Barmherzigkeit ist nicht zu Ende» (Kla 3,22). Wie gross ist *Ihr* Mitgefühl?

NACHDENKEN UND ANWENDEN

Denken Sie an eine Person, die im Geschäftsleben oder in der Politik an vorderster Front steht. Normalerweise ist das jemand, der hart und energisch ist. Aber ein Christ, der im öffentlichen Fokus steht, ist ein Mann oder eine Frau mit Mitgefühl. Nehmen Sie sich etwas Zeit für verschiedene praktische Fragen, die mit Mitgefühl zusammenhängen:

1. Kennen Sie Personen, bei denen es Ihnen schwer fällt, Mitgefühl zu zeigen? Wenn ja, warum haben Sie Probleme damit?

2. Denken Sie an jemanden, der Ihnen Mitgefühl entgegengebracht hat – in welcher Situation war das?

3. Greifen Sie sich eine Person heraus und versuchen Sie, sie in dieser Woche besser kennenzulernen. Bitten Sie Gott um eine konkrete Gelegenheit, diesem Menschen Ihr Mitgefühl zu zeigen.

4. Lernen Sie Klagelieder 3,22 auswendig und bitten Sie Gott, dass er Sie daran erinnert, wie barmherzig er zu Ihnen war.

5. Welche anderen biblischen Persönlichkeiten haben Mitgefühl gezeigt? Auf welche Weise? Was kam dabei heraus?

6. Denken Sie sich ein «*Hesed*»-Projekt aus und führen Sie es durch!

«Gibt es nun bei euch Ermahnung in Christus, gibt es Zuspruch der Liebe, gibt es Gemeinschaft des Geistes, gibt es Herzlichkeit und Erbarmen, so macht meine Freude völlig, indem ihr eines Sinnes seid, gleiche Liebe habt, einmütig und auf das eine bedacht seid.» (Phil 2,1-2)

DAS GRÖSSTE PROBLEM DER MENSCHEN HEUTE
IST, DASS UNSER WISSEN SO VIEL SCHNELLER
GEWACHSEN IST ALS UNSERE WEISHEIT.

– Frank Whitmore

3. DAS FOTOALBUM –
Weisheit

WISSEN ODER WEISHEIT?

Okay, ich gebe es zu. Ich liebe ausgefallene Comics. Meine Frau toleriert meine Leidenschaft für die Verrückten. Ich lese regelmässig *Dilbert*, *Pearls before Swine* und *Zits*. Ausserdem besitze ich eine Sammlung von alten Comics von *Calvin and Hobbes* und *Far Side*. Als Gary Larson *Far Side* nicht mehr herausbrachte und Bill Watterson mit dem Zeichnen von *Calvin and Hobbes* aufhörte, litt ich unter Entzugserscheinungen. Humor enthält oft eine Menge Wahrheit.

Auf einem meiner Lieblingscartoons aus *Far Side* ist die Treppe zu sehen, die zur Midvale Schule für Begabte hoch führt. Oben steht einer dieser begabten Schüler mit den Büchern in seiner rechten Hand, während er mit der linken vergeblich versucht, die Aussentür aufzudrücken. Direkt über dem Schüler ist ein Schild an der Tür, auf dem steht (in *riesigen* Buchstaben): «ZIEHEN.» Okay, Sie lachen nicht. Aber Sie würden es ... würden Sie das Bild sehen.

Dieser spezielle Comic spricht mich an, weil er zwischen Wissen und Weisheit unterscheidet. Von den Schülern, die in Gary Larsons Comic zur Schule gingen, erwartete man ein hohes Wissensniveau. Das garantiert aber nicht, dass sie weise sind.

Das Internet hat das 21. Jahrhundert zum «Informationszeitalter» gemacht. Der sofortige Zugriff auf unbegrenzte Informationen verspricht, das technologische Jahrtausend der Menschheit einzuleiten. Man scheint anzunehmen, dass die Verfügbarkeit von Informationen zu mehr Weisheit und Verständnis führt.

Allerdings ist Information nicht mit Weisheit gleichzusetzen. Es besteht ein grosser Unterschied zwischen dem Zugang zu Daten und dem Erwerb von Weisheit. Online wimmelt es nur so von Daten und Informationen (und nicht alle sind richtig). Aber in Bezug auf ihre Lebensführung treffen die meisten Menschen schlechte Entscheidungen.

Die Hebräer hatten den Unterschied zwischen Wissen und Weisheit begriffen. Ihr Wort für Weisheit (*hokmah*) enthält den Gedanken an Geschicklichkeit. Weisheit war die Fähigkeit, sein Leben geschickt und erfolgreich zu führen. Wissen allein garantiert nicht, dass wir unser Leben mit viel Geschick führen.

Die Gesellschaft wird überflutet von einem Meer an Informationen – doch nach wie vor können Menschen törichte Entscheidungen treffen. Wir kennen die schädlichen Folgen von Rauchen, übermässigem Trinken und Drogen, aber dennoch lassen sich Menschen, die ansonten intelligent sind, von diesen drei Dingen verführen und versklaven.

Wenn ein kleines Problem eine ansonsten gute Sache zu verderben droht, sprechen wir vom «Haar in der Suppe» (im Engl. «die Fliege in der Salbe»). Der Ausdruck stammt ursprünglich aus der Feder des weisesten Königs von Israel – Salomo. Er war sehr sprachgewandt und konnte sich gut ausdrücken. Die volle Redewendung lautet: «Tote Fliegen bewirken, dass das Öl des Salbenbereiters stinkt und verdirbt; ein wenig Torheit wiegt schwerer als Weisheit und Ehre!» (Pred 10,1). Der Ausdruck hat uns eine Menge über Weisheit und Torheit zu sagen – und über Salomo. Um die volle Bedeutung der Worte Salomos zu verstehen, müssen wir uns hinsetzen, das Familienalbum hervorholen und uns drei Schnappschüsse von Salomo ansehen, die zu unterschiedlichen Zeiten in seinem Leben aufgenommen wurden.

SCHNAPPSCHUSS 1:
DER JUNGE SALOMO BITTET UM WEISHEIT

«König David ist tot! Lang lebe König Salomo!» Die Worte wirbelten durch die staubigen Strassen Jerusalems und hallten wider von den Steinmauern dieser befestigten Stadt. David führte ein Leben von unvorstellbarem Ausmass, sowohl hinsichtlich seiner Triumphe als auch seiner Tragödien. Der Schatten von Israels grösstem Krieger und König drohte, seinen jungen Thronerben in den Hintergrund zu drängen. Die Nachfolge einer Legende anzutreten, ist schwer. Davids unweise Ehen mit mehreren Frauen und sein Ehebruch mit Bathseba führten zu Hause zu chaotischen und zerrütteten Familienverhältnissen. Ein Sohn vergewaltigte seine Halbschwester und wurde seinerseits von seinem Halbbruder ermordet (2Sam 13). Ein anderer Sohn führte einen Bürgerkrieg gegen König David an und wurde von Bathsebas Grossvater unterstützt (2Sam 15). Am Ende seines Lebens plante ein Sohn heimlich, die Nachfolge seines Vaters als König anzutreten, nur um feststellen zu müssen, dass David Salomo ernannte (1Kö 1). Hätten sie damals gelebt, wären Oprah Winfrey, Dr. Phil und Jerry Springer sehr interessiert gewesen, Davids Familie in ihre Shows zu bekommen!

Mit Unbehagen sitzt der junge Salomo nun auf dem Thron seines Vaters. Sein letzter Rat waren geflüsterte Warnungen vor Joab, Davids ehemaligem Militärbefehlshaber, der Salomos Bruder zum König machen wollte. Salomos erste Amtshandlung als König (nach einer weiteren Verschwörung gegen seinen Thron) war, die beiden Verschwörer hinrichten zu lassen – seinen eigenen Halbbruder und Joab (1Kö 2). Wo war er da nur hineingeraten!?!

Die Last, in die Fussstapfen seines berühmten Vaters zu treten, als König weise zu regieren und zwischen richtig und falsch unterscheiden zu können, zehrte an dem jungen König. Jeder, dem Führungsaufgaben und Verantwortung plötzlich auferlegt wurden, weiss, wie unzulänglich sich Salomo gefühlt haben muss. Er war nun verantwortlich für Entscheidungen, bei denen es um Leben und Tod ging. Dinge, die ihm so klar erschienen, als er noch am Rand stand, erwiesen sich jetzt als äusserst komplex und kompliziert, wenn er versuchte, eine Sache nach allen Seiten hin zu beleuchten und ein gerechtes und unparteiisches Urteil zu fällen.

Eine Person, die eine Position von Macht und Autorität bekleidet, sieht sich zwei Gefahren ausgesetzt. Die eine ist, dass ihn die ungeheure Grösse seiner Aufgabe lähmt. Der Führer ist verantwortlich für andere, und ein einziger Fehler oder eine Fehleinschätzung kann die Untergebenen ihren Arbeitsplatz, ihre Familien oder ihr Leben kosten. Die meisten Entscheidungen sind nicht schwarz-weiss. Eine Führungsperson muss sich durch gegensätzliche Berichte und unvollständiges Datenmaterial arbeiten und Befürworter verschiedener Seiten anhören, um zu entscheiden, was das Beste ist. Sie kann so viel Angst vor einem Fehler haben, dass sie alle möglichen Blickwinkel und Optionen analysiert – und nochmals analysiert – ... und nichts tut, bis sich eine Möglichkeit als die eindeutig beste Wahl herausstellt. Manche nennen das Paralyse durch Analyse.

Die zweite Gefahr ist, dass sie egozentrisch und stolz wird. Stellung bringt Ansehen und Vergünstigungen mit sich, und Führungspersonen können sich von diesen Fallen der Macht ablenken lassen. Die meisten korrupten Politiker gehen nicht mit schlechten Absichten in die Politik. Sie beginnen mit dem aufrichtigen Wunsch, etwas zum Guten zu bewegen. Aber der ständige Druck und die Forderungen derer, die nach Aufmerksamkeit und Hilfe verlangen, machen sie allmählich unempfindlich. So kann eine Führungsperson dahin kommen, dass sie Geschenke von Bittstellern rechtfertigt, finanzielle Unterstützung für politische Gefälligkeiten akzeptiert oder sogar Schmiergelder annimmt von Personen, die Verträge mit der Regierung schliessen.

Allein. Angreifbar. Unsicher, wie er weiter machen sollte. Salomo muss die Weisheit seines Vaters angezweifelt haben, als er ihn zum König machte. Er war *nicht* der Krieger, der sein Vater gewesen war. Aber er hatte den Wunsch seines Vaters geerbt, Gott nachzufolgen. Und so überrascht es nicht, dass Salomo bei unserem ersten Schnappschuss vor Gott kniet und ihn um Weisheit bittet.

Salomo reiste von Jerusalem etwa 13 Kilometer in nordwestlicher Richtung nach Gibeon, um den Herrn zu suchen, weil Gottes Tempel in Jerusalem noch immer nicht mehr als ein Traum war, den David

an seinen Sohn weitergegeben hatte. Vier weitere Jahre sollten vergehen, bevor Salomo mit dem Tempelprojekt beginnen konnte.

Daher reiste Salomo nach Gibeon, «denn das war die bedeutendste Höhe» (1Kö 3,4). Was machte den Ort so bedeutend? «Die
Wohnung des HERRN aber, die Mose in der Wüste gemacht hatte,
und der Brandopferaltar waren zu jener Zeit auf der Höhe von
Gibeon» (1Chr 21,29). Ging Salomo zu Fuss oder ritt er dorthin? Das
wissen wir nicht, aber selbst zu Fuss dürfte die Reise nur ein paar
Stunden gedauert haben. Die Opferzeremonie schloss tausend lär-
mende Tiere ein, die als Brandopfer dargebracht werden sollten.
Der Staub, den die Menschen und Tiere aufwirbelten, kündigte
ihr Kommen an, lange bevor sie den runden Hügel an der Strasse
erreichten, die vom Hügelland bis zur Ebene der Philister führte.

Salomo begab sich auf eine Pilgerreise zum Zelt Gottes, das Mose
selbst gemacht hatte. Er stand vor dem Altar, der fast 500 Jahre
zuvor von Mose eingeweiht worden war, und brachte dem lebendigen Gott Opfer dar. Möglicherweise suchte Salomo in seinem
geistlichen Erbe nach Kraft. Er fühlte sich vielleicht so unzulänglich, dass er sich nach einem sichtbaren Zeichen des Segens Gottes
sehnte. Was immer auch seine Motivation war, durch seine Bereitschaft, tausend Brandopfer auf dem Altar darzubringen, bewies er
seine Hingabe an Gott und seine Abhängigkeit von ihm hinsichtlich der vor ihm liegenden Aufgabe.

Viele Führungspersonen haben mit dem überwältigenden
Gefühl ihrer eigenen Unzulänglichkeit zu kämpfen. Ihre Anhänger stellen sie auf einen Sockel und nehmen an, dass sie alles
sehen, alles hören, alles wissen und alles können. Doch echte
Führer wissen es besser. Sie durchschauen den Hype und Rum-
mel und kennen ihre Grenzen und Schwächen. Salomo ging zu
Gott, weil er sich nur allzu sehr bewusst war, dass er Gottes Hilfe
brauchte.

Der Herr reagierte auf Salomos Anbetung und Hingabe. Gott
erschien ihm in der Nacht und machte ihm ein unvergleichliches

Angebot: «Bitte, was ich dir geben soll!» (1Kö 3,5). Gott bot Salomo die Chance seines Lebens!

DER HERR WARTETE AUF SALOMOS ANTWORT. UM WAS SOLLTE ER BITTEN? GELD? SICHERHEIT? SCHUTZ? EIN LANGES LEBEN?

In der Kindheit träumt man davon, dass alle Wünsche erfüllt werden. Der Kindheitstraum, Aladdins Wunderlampe zu besitzen, wird womöglich von der Hoffnung abgelöst, als Verleger das grosse Los zu ziehen – oder in der staatlichen Lotterie zu gewinnen! Mal ehrlich: Der Gedanke, «alles zu haben», ist verlockend.

Faszinierend an Salomos erstem Schnappschuss ist, wie er auf Gottes Angebot reagierte. Als erstes kam ihm in den Sinn, dass er Weisheit brauchte, nicht Reichtum. «Weil du nun, o HERR, mein Gott, deinen Knecht zum König gemacht hast anstelle meines Vaters David, ich aber ein junger Bursche bin, der weder aus- noch einzuziehen weiss ...» (1Kö 3,7). Salomo war sich seiner Unerfahrenheit und Unzulänglichkeit bewusst.

Der Herr wartete auf Salomos Antwort. Um was sollte er bitten? Geld? Sicherheit? Schutz? Ein langes Leben? Salomos Antwort war tief gehend in ihrer Einfachheit und Ehrlichkeit. «So gib du deinem Knecht doch ein verständiges Herz, dass er dein Volk zu richten versteht und unterscheiden kann, was Gut und Böse ist. Denn wer kann dieses dein grosses Volk richten?» (1Kö 3,9). Er bat Gott um Weisheit, das Volk Israel richtig führen zu können.

Gott belohnte Salomo für diese demütige Bitte. «Und es war dem HERRN wohlgefällig, dass Salomo um dies bat» (1Kö 3,10). Salomo stellte seine Verantwortung für Israel über jeglichen Wunsch nach persönlichem Gewinn. Gott gab Salomo nicht nur «ein weises und verständiges Herz» (3,12), er belohnte ihn auch mit «Reichtum und

Ehre» (3,13). Gott gab Salomo die Verheissung, dass er weise ... und reich würde!

Wie machte sich Salomo? Der Verfasser von 1. Könige führt fünf Begebenheiten an, die zeigen, wie viel Weisheit Gott Salomo gab.

Weisheit, um die Wahrheit zu erkennen

Die erste Prüfung für Salomos gottgegebene Weisheit liess nicht lange auf sich warten. Zwei Prostituierte kamen zum König – beide beanspruchten das Sorgerecht für einen kleinen neugeborenen Jungen. Jede der beiden Frauen hatte ein Kind zur Welt gebracht, eines aber war gestorben. Beide behaupteten, die jeweils andere sei die Mutter des toten Kindes, sie selbst dagegen die legitime Mutter des lebenden Kindes.

Der Säugling konnte bei der Feststellung seiner Herkunft nicht helfen. Keine Zeugen konnten für eine der beiden Frauen bürgen. DNA-Tests gab es noch nicht. Jede der beiden Geschichten war glaubhaft, und beide Frauen stritten leidenschaftlich für ihr Recht. Wie konnte Salomo gerecht urteilen, da die Wahrheit nicht zweifelsfrei zu ermitteln war?

Seine Reaktion machte seine von Gott gegebene Weisheit deutlich. Die Entscheidung, das lebende Kind in der Mitte zu teilen und jeder Frau eine Hälfte zu geben, weckte das Erbarmen der wahren Mutter. Anschliessend übergab Salomo das Kind der rechtmässigen Mutter. Zur Ausübung von Gerechtigkeit sah er auf das Naheliegendste ... und seine Weisheit machte Eindruck auf andere. «Als nun ganz Israel hörte, was für ein Urteil der König gefällt hatte, da fürchteten sie sich vor dem König; denn sie sahen, dass die Weisheit Gottes in seinem Herzen war, um Recht zu schaffen» (1Kö 3,28).

Noch ein kurzes Nachwort. Ich erinnere mich, wie ich diese Geschichte als kleiner Junge in der Sonntagsschule hörte. Die feineren Aspekte der Geschichte sind an mir vorübergegangen, aber ich kam von der Gemeinde nach Hause mit dem lebhaften Bild eines Königs in purpurroten Gewändern und einer Krone, der mit seiner linken Hand den Fussknöchel eines Kindes festhielt, während er in seiner Rechten ein Schwert hielt, um den Jungen zu zerteilen. Ein paar Monate später wandte ich die Geschichte an. Unser Nachbar hatte vier Mädchen, die Älteste war in meinem Alter. Ich spielte im Hof, als ich hörte, wie sich zwei der jüngeren Mädchen wegen einer Barbiepuppe stritten. Beide versuchten, die Puppe für sich zu bekommen und schrien: «Das ist meine!» «Nein, sie gehört mir!» Wie Salomo ging ich nach drüben, schnappte mir die Puppe und drohte, sie in zwei Hälften zu brechen und jeder Schwester eine zu geben. Als die eine schrie: «Nein!», gab ich ihr die Puppe und sagte ihr, sie würde ihr gehören. Ich war sehr mit mir zufrieden, bis die andere Schwester nach Hause ging und ihrer Mutter mitteilte, dass ihre Schwester und ich auf ihr herumhackten! Nun ja, bei Salomo funktionierte es.

Weisheit für eine effiziente Organisation

David machte Israel zu einem grossen Reich, aber Salomo organisierte einen reibungslosen Ablauf. Er etablierte eine effiziente Zentralregierung und teilte Israel in zwölf Bezirke, über die er jeweils einen Aufseher setzte (1Kö 4,1-19). Salomo herrschte auch über die benachbarten Nationen, die David erobert hatte. Offenbar regierte er sie gut, denn der Verfasser von 1. Könige schreibt, dass «er Frieden hatte auf allen Seiten ringsum» (1Kö 5,4). Salomos organisatorische Fähigkeiten brachten eine Zeit der Sicherheit und des Wohlstands, die das Land Israel bis dahin noch nicht kannte. Von «Dan bis Beerscheba» – vom Norden bis zum Süden des Landes – «wohnten [die Menschen] sicher, jeder unter seinem Weinstock und unter seinem Feigenbaum» (1Kö 5,5).

Weisheit in den Künsten und der Wissenschaft

Salomo war mehr als nur ein geschickter Politiker. Er war auch ein überdurchschnittlich intelligenter Mensch! «Und die Weisheit Salomos war grösser als die Weisheit aller Söhne des Ostens und als alle Weisheit der Ägypter» (1Kö 5,10). Der Verfasser stellt Salomos Leistungen heraus in den Bereichen Literatur (3.000 Sprüche), Musik (1.005 Lieder), Botanik (alle Pflanzen von der grossen Zeder des Libanons bis zum gewöhnlichen Ysop) und Zoologie (Vieh, Vögel, Reptilien und Fische). Salomo beobachtete das Leben in allen seinen Formen, und seine feine Beobachtungsgabe und Analysefähigkeit halfen ihm, dieses Wissen zu erwerben.

Weisheit, um Frieden zu bewahren

König David hatte viele Feinde in seinem Leben, aber auch einige mächtige Verbündete. Einer von ihnen war Hiram, der König von Tyrus. Salomo sandte Hiram einen Brief, in dem er ihm seine Freundschaft zusicherte und ein Geschäft vorschlug. Wenn Hiram ihm Zedernholz für den Tempel lieferte, würde Salomo Hiram und die Arbeiter dafür bezahlen. Salomo beeilte sich, Hiram für seine qualifizierten Arbeiter zu loben. «Denn dir ist bekannt, dass niemand unter uns ist, der Holz zu hauen versteht wie die Zidonier!» (1Kö 5,20). Hiram war einverstanden, und ihre Beziehung festigte sich. Diese Kooperation kam nicht zufällig zustande. «Und der HERR gab Salomo Weisheit, wie er ihm verheissen hatte; und es war Friede zwischen Hiram und Salomo; und die beiden machten einen Bund miteinander» (1Kö 5,26).

Weisheit, um Gott zu preisen

In diesen frühen Jahren vergass Salomo nie die Quelle seiner Weisheit und grossen Fähigkeiten. Sein Vater wollte Gott in Jerusalem einen Tempel bauen, aber Gott erlaubte es ihm nicht. Jetzt nahm sich Salomo dieser Aufgabe an. Sieben Jahre lang nutzte er seine Energie, sein Wissen und seinen angesammelten Reichtum für den Bau eines Hauses für Gott. Aber er gestattete es seiner religiösen Hingabe nicht, Gott zu verdrängen. «Siehe, die Himmel und aller Himmel Himmel können dich nicht fassen; wie sollte es denn dieses Haus tun, das ich gebaut habe!» (1Kö 8,27). Später in seinem

Leben fasste er den Kern der Weisheit und der Erkenntnis zusammen ... und sagte, alles würde mit der richtigen Beziehung zu Gott beginnen. «Die Furcht des HERRN ist der Anfang der Erkenntnis; nur Toren verachten Weisheit und Zucht!» (Spr 1,7). Unser erster Schnappschuss von Salomo ist beeindruckend. Wir sehen einen Mann mit dem richtigen Verständnis von seinen begrenzten Fähigkeiten und Gottes reicher Gnade. Indem er Gottes Weisheit suchte, fand Salomo den Schlüssel, der es ihm ermöglichte, sein volles Potenzial als Führer auszuschöpfen. Und diese Weisheit half ihm in allen Lebensbereichen ... von den Staatsgeschäften über Beobachtungen über das Leben bis hin zur Anbetung.

SCHNAPPSCHUSS 2:
DER EIGENSINNIGE SALOMO SUCHT SICH EHEFRAUEN

Der ursprüngliche Schnappschuss hat mittlerweile leichte Eselsohren und ist nur noch eine Erinnerung in Salomos Fotoalbum des Lebens. In seinen frühen Tagen als König sah sich Salomo das Bild häufig an, aber neue Interessen kamen in sein Leben und verdrängten alte Verpflichtungen. Irgendwo in der Geschäftigkeit des Lebens schlug Salomo eine falsche Richtung ein. Der weiseste unter den Menschen wurde durch einen dummen Fehler zugrunde gerichtet – ein so subtiler Fehler, dass er selbst dem Meister der Beobachtung entgangen war.

Ein neuer Schnappschuss zeigt ihn zu Beginn einer Zeit, die Kritiker heute als seine Midlife-Crisis bezeichnen könnten. Auf den ersten Blick sieht das Foto aus, als wäre es bei einem grossen Familientreffen entstanden. Einzelne Gesichter sind schwer auszumachen, weil der Fotograf weit weg stehen musste, um alle aufs Bild zu bekommen. Tausend Frauen, unzählige Kinder und ein besorgter Mann, die ihre Vergnügungen unterbrechen, um sich auf diesem Schnappschuss des Lebens im königlichen Hof verewigen zu lassen. Was ist schief gegangen?

Ein sorgfältiger Blick auf diesen zweiten Schnappschuss offenbart drei Gründe, warum der weiseste unter den Menschen so viele dumme Fehler beging. Salomo liess drei winzige Risse im Fundament seines Lebens zu, und diese vergrösserten sich, bis sie ihn völlig zu Fall brachten. Schauen Sie sich den Schnappschuss genau an ... und lernen Sie von Salomos Fehlern.

Salomo ging verbotenen Freuden nach

Macht und Ansehen ziehen Menschen an, die hoffen, von solchen Beziehungen zu profitieren. Ohne Zweifel drängten sich täglich Händler und Geschäftsleute in Salomos Palast und wollten den Segen – und die finanzielle Unterstützung – des Königs für Bauprojekte, Handelspartnerschaften und andere Unternehmungen. Der Hof hatte ein kosmopolitisches Flair, während Würdenträger und Gesandte aus unzähligen Nationen eine Audienz beim König suchten, um Handelsabkommen und Verträge zu festigen.

Eine Möglichkeit, um einen Vertrag zwischen zwei Nationen zu ratifizieren, war eine Heirat. Ein König gab dem König einer anderen Nation seine Tochter zur Ehefrau (oder eine andere junge Frau aus der königlichen Familie). Viele von Salomos Ehen waren das Ergebnis einer solchen Abmachung. Seine Achillesferse war offensichtlich seine Vergnügungssucht – insbesondere seine Freude an schönen Frauen. Diese Gesandten brauchten nicht lange, um zu erkennen, dass man ein Abkommen mit Salomo besiegeln konnte, indem man ihm eine reizende junge Frau als Teil des Handels versprach.

Die Bibel nimmt hinsichtlich Salomos Schwäche kein Blatt vor den Mund. «Aber der König Salomo liebte viele fremde Frauen ... Und er hatte 700 fürstliche Frauen und 300 Nebenfrauen; und seine Frauen verleiteten sein Herz» (1Kö 11,1.3). Salomo genoss sein Leben in vollen Zügen, und er verfügte über die finanziellen Mittel, um seinem Verlangen nach schönen Dingen nachzugeben. Im Buch Prediger bekennt er: «Und ich versagte meinen Augen nichts von allem, was sie begehrten; ich hielt mein Herz von keiner Freude zurück» (Pred 2,10). Vergnügungen an sich sind nicht falsch, aber sie können die Augen eines Menschen vom Herrn abwenden. Salomo war mehr entschlossen, sich selbst zu erfreuen als Gott. Ein winziger Riss entstand im Fundament seines Lebens, und er wuchs mit der Grösse seines Harems.

Salomo ignorierte Gottes Wort

Vergnügungen an sich sind nicht falsch. Freude im Leben ist ein Geschenk Gottes, der nicht will, dass wir ein trauriges Leben führen! Wenn man aber dem Vergnügen nachgeht, muss man innerhalb der Grenzen des Wortes Gottes bleiben. In zwei wichtigen Punkten ignorierte Salomo ausdrückliche Verbote im Wort Gottes – und sein Ungehorsam in diesen beiden Bereichen verursachte den zweiten Riss in seinem Fundament.

In 1. Könige 11 wird berichtet, dass Salomo Frauen aus Israels Nachbarstaaten heiratete. Sie waren «aus den Heidenvölkern, von denen der HERR den Kindern Israels gesagt hatte: Geht nicht zu ihnen und lasst sie nicht zu euch kommen, denn sie werden gewiss eure Herzen zu ihren Göttern wenden! An diesen hing Salomo mit Liebe» (1Kö 11,2).

Möglicherweise kämpfte Salomo noch mit sich, als der Gesandte eines Nachbarlandes mit der ersten dieser ausländischen Frauen ankam. Zu jener Zeit lebte Salomo noch in dem Palast, den sein Vater David am Nordrand der noch kleinen Stadt Jerusalem gebaut hatte. Die Mauern seines neuen Palastes – und des Tempels Gottes – erhoben sich auf dem Hügel gen Norden und der Kalkstein strahlte in einem goldenen Weiss in der untergehenden Sonne. Die Kamele stiessen lauthals ihren Protest aus, als sie gezwungen wurden, auf die Knie zu gehen, damit ihre Reiter absteigen konnten. Die farbenprächtigen Gewänder der Boten bildeten einen Kontrast zu der eher funktionellen Kleidung der bewaffneten Eskorte. Und im Gefolge befand sich eine junge, in feinstes Leinen gekleidete Frau – die Tochter eines benachbarten Königs. Während der Gesandte Salomo hofierte und den beiderseitigen Nutzen des angestrebten Abkommens beschrieb, hörte Salomo kaum zu. Seine Augen waren vielmehr auf die Gestalt und Schönheit dieser bemerkenswerten Frau gerichtet, die in seinem königlichen Hof stand. Gott meinte sicherlich nicht *diese* Frau, als er das Verbot aussprach, ausländische Frauen zu heiraten, hätte er sie sonst so wunderschön gemacht?

Salomo benutzte zweifelsohne seinen grossen Verstand, um sich mehrere rationale Gründe auszudenken, warum Gott diese Ehe als Ausnahme betrachtete. Doch letzten Endes entschied er sich bewusst, dem Wort Gottes ungehorsam zu sein und der Lust seines Herzens zu folgen.

Etwas später in seinem Leben kam Salomo zu der traurigen Erkenntnis: «Alle Arbeit des Menschen ist für seinen Mund; die Seele aber wird nicht gesättigt!» (Pred 6,7). Und Salomo hatte Verlangen nach schönen Frauen. In 5. Mose 17,17 hatte Gott die zukünftigen Könige Israels gewarnt, ihr Herz zu schützen. «Er soll auch nicht viele Frauen nehmen, damit sein Herz nicht auf Abwege gerät.» Salomo muss dieses Gebot gekannt haben, aber als eine schöne Frau nach der anderen an seinen Hof kam, sagte er sich, dass «eine weitere Frau» keinen grossen Unterschied machen würde. (Schliesslich hatte Gott keine bestimmte Zahl festgelegt, oder?) Ich frage mich, wie lange es dauerte, bis Salomo eines Tages aufwachte und merkte, dass er tausend Frauen und Nebenfrauen hatte.

Salomo liess seine Liebe zu Gott erkalten

Dass Salomo dem Vergnügen nachging und «wohlwollend» das Wort Gottes vernachlässigte, veränderte sein Leben auf subtile Weise. Dieser Riss in seinem moralischen Fundament war der heimtückischste, denn er kam so langsam zustande, dass er die Veränderung erst bemerkte, als es zu spät war. Doch mit der Zeit erkaltete seine Liebe zu Gott und sein Herz wurde gefühllos. «Als Salomo alt geworden war, da wendeten seine Frauen sein Herz anderen Göttern zu, sodass sein Herz nicht mehr ungeteilt mit dem HERRN, seinem Gott, war wie das Herz seines Vaters David» (1Kö 11,4). Am Anfang seiner Herrschaft folgte Salomo dem Herrn nach, aber der Erfolg hatte sein Herz geschwächt. Er fing gut an und hörte schlecht auf. Zu einer weisen Lebensführung gehört die Erkenntnis, dass sich die Form der Versuchung mit zunehmendem Alter verändern kann. Die Feuerprobe des Konflikts, die uns in unserer Jugend Gott näher bringt, erkaltet im späteren Leben oftmals. Unser Wohlstand vermehrt sich, unser Ansehen nimmt zu, unser Freundeskreis wird grösser ... und die Versuchung wächst, sich auf sich selbst zu verlassen statt auf Gott. Drei weise Massnahmen, die uns helfen, Gott mit zunehmendem Alter treu zu bleiben, sind: *Erkennen* Sie das Vergnügen, das uns verführt, *bleiben* Sie dem Wort Gottes gehorsam und *pflegen* Sie eine intensive Beziehung zum Herrn. Auf all diese drei Punkte hatte Salomo nicht geachtet ... und eines Tages stellte er fest, dass aus dem weisen jungen König ein törichter alter Mann geworden war.

SCHNAPPSCHUSS 3:
DER ALTE SALOMO ERKLÄRT DIE WELT

Mit gebeugten Schultern, knochigen, leicht zittrigen Fingern zeigte uns Salomo mit einer Armbewegung an, dass wir ihm in den nächsten Raum folgen sollten. Dort setzte sich der alternde Monarch vor ein Feuer, um die betäubende Kälte des Jerusalemer Winters loszuwerden, und zeigte uns einmal mehr seinen hellwachen Verstand, auch wenn sein Körper alt geworden war. Während er aus dem Fenster auf nichts Besonderes starrte, öffnete er im Geist das Fotoalbum und blätterte durch die Seiten seines Lebens.

Salomos Fotoalbum des Lebens war fast voll. Einige der frühen Bilder waren schon verblasst und abgenutzt – die Motive kaum noch zu erkennen. Die Seiten aus jüngster Zeit enthielten düstere und fragwürdige Bilder, denen eindeutig der Glanz der früheren fehlte. Wie konnte ein Leben, das so viel versprechend begann, in einer derartigen Verzweiflung enden? Das war das Geheimnis des Lebens, das Salomo uns erklären sollte.

Seine ersten Worte brachten uns aus dem Konzept. «O Nichtigkeit der Nichtigkeiten! ... O Nichtigkeit der Nichtigkeiten! Alles ist nichtig!» (Pred 1,2). Der Mann von unvergleichbarem Verstand hatte sich aufgemacht, den Sinn des Lebens, wie wir es kennen, zu verstehen – und seine Schlussfolgerung war, dass das Leben an sich leer und unbedeutend ist. Wie eine Seifenblase, die in der Sonne glänzt, scheint das Leben Wert und Sinn zu haben, bis man versucht, es anzufassen. Sobald man seine Hand danach ausstreckt, verschwindet es und lässt einen leer zurück.

War das das zynische Gejammer eines «verbitterten alten Mannes»? Oder schilderte Salomo seine Beobachtungen in tiefsinnigen und weisen Worten, die uns heute zu einer weisen Lebensführung verhelfen können? Viele sind davon ausgegangen, dass das erste stimmt, aber Salomo spricht sich für das zweite aus. Das Buch des Predigers ist Salomos letztes Foto in seinem Lebensalbum, und es ist ein fotografisches Meisterwerk, das den Kern des Lebens selbst einfängt.

Salomo hat es nicht nötig, die Misserfolge in seinem Leben unter den Teppich zu kehren. Sein Selbstporträt im Predigerbuch zeigt jede Falte und Runzel. Seine ursprünglich von Gott gegebene Weisheit wird kombiniert mit der Einsicht, die er aus der «harten Schule des Lebens» gewann. Das Ergebnis ist ein Bild vom Leben, wie es wirklich ist, keine geschönte Version.

Am Anfang seines Porträts zählt Salomo alles auf, was er getan hat, um den Sinn des Lebens hier auf der Erde zu finden. Die Liste ist beeindruckend.

Strebe nach einer guten Bildung!

Salomo begann seine Regierung als geistiger «Superman» ... mit Fähigkeiten, die weit über die der meisten Sterblichen hinausgehen. Es war nur natürlich, dass der erste Punkt auf seiner Liste darin bestand, herauszufinden (mit Hilfe seiner grossartigen Weisheit und Beobachtungsgabe), wie das Leben funktioniert. «Ich richtete mein Herz darauf, mit Weisheit alles zu erforschen und zu ergründen, was unter dem Himmel getan wird» (Pred 1,13). Böser Fehler! Je mehr er lernte, umso deutlicher erkannte er die Sinnlosigkeit seines Ziels. Es war, so sein Schluss, «ein Haschen nach Wind!»

> DIE HEUTIGE GESELLSCHAFT HÄLT DEN MYTHOS AUFRECHT, DASS DER SINN DES LEBENS IM STREBEN NACH VERGNÜGEN ZU FINDEN IST

In den tausenden Jahren seit Salomo haben Millionen von Menschen ihr Leben dem Zuwachs an Wissen verschrieben. Je mehr wir wissen, umso mehr wird uns klar, dass niemand verstehen kann, wie das Leben funktioniert. Wissenschaftler verschieben die äussersten Grenzen des Wissens, indem sie sich auf immer kleinere Gebiete spezialisieren. Nur so können sie sich das verfügbare Wissen aneignen, das für ihre Forschung relevant ist. Wie bemerkte jemand trocken: «Wir wissen mehr und mehr über immer weniger, bis wir letzten Endes alles über nichts wissen.» Nur Gott kann alles über alles wissen. Obwohl Bildung hilfreich ist, wird niemals ein Mensch genug Wissen haben, um das ganze Leben zu verstehen. Das Gegenteil anzunehmen, ist sinnlos.

Strebe nach Vergnügen!

Salomo brauchte nicht lange, um seinen Fokus neu auszurichten. Wenn man durch Bildung nicht dem Sinn des Lebens auf die Spur kommen kann, so konnte er vielleicht die wahre Bedeutung des Lebens im Streben nach Vergnügen finden. «Du lebst nur einmal, und du musst allen Genuss mitnehmen, den du kriegen kannst!», könnte Salomos Devise an diesem Punkt gelautet haben. Seine Erfahrungen deckten das ganze Spektrum ab: Freude und Lachen (Pred 2,1-2), stimmungsverändernde Substanzen (2,3), materieller Besitz (2,4-7), Reichtum (2,8a), Sex (2,8b) und persönlicher Einfluss (2,9). Dann hielt er inne und beurteilte alles, was er versucht hatte. Seine Schlussfolgerung: «Siehe, da war alles nichtig und ein Haschen nach Wind, und nichts Bleibendes unter der Sonne!» (2,11).

Die heutige Gesellschaft hält den Mythos aufrecht, dass der Sinn des Lebens im Streben nach Vergnügen zu finden ist. Salomo kam an den Punkt, an dem er «alles hatte», nur um festzustellen, dass es nicht ausreichte, um seinem Leben Sinn und Ziel zu geben. Die meisten Menschen heute sind nicht weise genug, um zu erkennen, dass sie sich in einer Sackgasse befinden.

Arbeite hart!

Salomos dritter Versuch, den Sinn des Lebens zu finden, verfolgte einen Ansatz, der schon eher der Bibel entspricht. Ein Auftrag, den Gott der Menschheit gab, war, über die Schöpfung zu herrschen, und das beinhaltete physische Arbeit. Gott setzte den Menschen «in den Garten Eden, damit er ihn bebaue und bewahre» (1Mo 2,15). Möglicherweise bestand die wahre Bedeutung des Lebens, so folgerte Salomo, in «guter, altmodischer harter Arbeit.» So wie viele Menschen heute suchte er den Sinn des Lebens in seiner Arbeit.

Aber Salomos Weisheit brachte zwei beunruhigende Beobachtungen hervor. Erstens: «Mir missfiel das Tun, das unter der Sonne geschieht; denn es ist alles nichtig und ein Haschen nach Wind» (Pred 2,17). Arbeit ist gelegentlich eintönig. Manchmal belohnt das Leben Fleiss und harte Arbeit mit Misserfolg. Arbeit ist zuweilen ein ständiger Kampf mit undankbaren Vorgesetzten, neidischen Mitarbeitern und kleinlichen Bürokraten. Arbeit bringt uns ebenso viel Kummer wie Freude.

Zweitens sieht der Arbeiter nicht immer die Früchte seiner Arbeit. «Ich hasste auch alle meine Arbeit, womit ich mich abgemüht hatte unter der Sonne, weil ich sie dem Menschen überlassen muss, der nach mir kommt. Und wer weiss, ob der weise sein wird oder ein Narr? Und doch wird er über all das Macht bekommen, was ich mit Mühe und Weisheit erarbeitet habe unter der Sonne» (Pred 2,18-19). Vielleicht dachte Salomo an seinen Sohn Rehabeam. Dieser törichte Sohn spaltete das Reich, an dessen Aufbau sein Vater so hart gearbeitet hatte. Salomo sah fraglos den Samen der Verantwortungslosigkeit in seinem Sohn heranwachsen und konnte die unerfreulichen Ergebnisse voraussehen.

Manche Menschen arbeiten hart im Leben und finden sich mit Kummer, Strapazen und anderen frustrierenden Umständen ab, um die materiellen Vorteile harter Arbeit zu geniessen. Doch eines Tages wachen sie auf und stellen fest, dass ihnen ihre Ehepartner und Kinder fremd geworden sind. Sie haben materiellen Besitz angehäuft, aber die Beziehungen eingebüsst, die wirklich zählen. Andere arbeiten hart, um für sich und ihre Kinder zu sorgen, und sterben viel zu früh. Statt Mittel zum Zweck wird die Arbeit ein Ziel an sich und fordert einen hohen Preis von denen, die sich von ihr haben versklaven lassen. Fazit ist: Arbeit brachte nicht die Befriedigung und den Sinn, den Salomo erhofft hatte.

WAS GIBT DEM LEBEN EINEN SINN?

Enthält das Buch Prediger nicht mehr als zornige Worte eines verbitterten Mannes, der zu spät erkannte, dass er sein Leben vergeudet hatte? Die Antwort ist ein klares Nein! Das Porträt ist nicht schmeichelhaft, aber Salomo musste brutal ehrlich sein, ansonsten würde der verführerische Glanz und Glitter des Lebens die Wahrheit seiner Worte verdrängen. So schwer sie auch zu ertragen sind: Salomos Beobachtungen über das Leben sind realistisch. Es sind die weisen Worte eines Mannes, der aus Erfahrung spricht.

Salomo fasst seine Lebensweisheit in zwei grundlegenden Aussagen zusammen. Statt zu versuchen, «das Undurchschaubare zu verstehen», a) geniesse das Leben, das Gott dir gegeben hat und b) vertraue und gehorche Gott, der den Sinn des Lebens kennt.

Geniesse das Leben

Ein Schlüssel zu einem weisen Leben in einer unsicheren Welt ist, mit dem zufrieden zu sein, was Gott einem gibt. Als weiser Lehrer betont Salomo diese Wahrheit immer wieder in seinem ganzen Buch.

«Ist es dann nicht besser für den Menschen, dass er esse und trinke und seine Seele Gutes geniessen lasse in seiner Mühsal? Doch habe ich gesehen, dass auch das von der Hand Gottes abhängt. Denn: »Wer kann essen und wer kann geniessen ohne mich?«» (Pred 2,24-25)

«Ich habe erkannt, dass es nichts Besseres unter ihnen gibt, als sich zu freuen und Gutes zu geniessen in seinem Leben; doch wenn irgendein Mensch isst und trinkt und Gutes geniesst bei all seiner Mühe, so ist das auch eine Gabe Gottes.» (Pred 3,12-13)

«So sah ich denn, dass es nichts Besseres gibt, als dass der Mensch sich freue an seinen Werken; denn das ist sein Teil! Denn wer will ihn dahin bringen, dass er Einsicht in das gewinnt, was nach ihm sein wird?» (Pred 3,22)
«Siehe, was ich für gut und für schön ansehe, ist das, dass

einer esse und trinke und Gutes geniesse bei all seiner Arbeit, womit er sich abmüht unter der Sonne alle Tage seines Lebens, die Gott ihm gibt; denn das ist sein Teil. Auch wenn Gott irgendeinem Menschen Reichtum und Schätze gibt und ihm gestattet, davon zu geniessen und sein Teil zu nehmen und sich zu freuen in seiner Mühe, so ist das eine Gabe Gottes.» (Pred 5,17-18)

«Darum habe ich die Freude gepriesen, weil es für den Menschen nichts Besseres gibt unter der Sonne, als zu essen und zu trinken und fröhlich zu sein, dass ihn das begleiten soll bei seiner Mühe alle Tage seines Lebens, die Gott ihm gibt unter der Sonne.» (Pred 8,15)

«So geh nun hin, iss mit Freuden dein Brot und trinke deinen Wein mit fröhlichem Herzen, denn Gott hat dein Tun längst gebilligt! Lass deine Kleider allezeit weiss sein, und lass das Öl nicht fehlen auf deinem Haupt! Geniesse das Leben mit der Frau, die du liebst, alle Tage deines nichtigen Lebens, das er dir unter der Sonne gegeben hat, alle deine nichtigen Tage hindurch; denn das ist dein Anteil in diesem Leben und in der Mühe, womit du dich abmühst unter der Sonne.» (Pred 9,7-9)

Befolgen Sie Salomos Rat. Aus menschlicher Sicht ist das Leben unsicher. Sie wissen nicht, wie lange Sie noch zu leben haben. Sie wissen nicht, ob Ihrer harten Arbeit materieller Erfolg beschieden ist. Gott hat einen Plan für Ihr Leben, aber er offenbart Ihnen nicht die Details. Wie führt man also ein weises Leben inmitten der Ungewissheiten des Lebens? Salomo sagt, ein Geheimnis eines weisen Lebens besteht darin, diese Ungewissheiten zu erkennen und dann die Segnungen zu geniessen, die Gott uns gibt, statt ärgerlich zu werden oder ängstlich auf die Dinge zu blicken, über die wir keine Kontrolle haben.

Vertraue und gehorche Gott

Manche haben Salomos ersten Rat als materialistischen Hedonismus bezeichnet. «Iss, trink und sei fröhlich, denn Morgen könntest du sterben!» Seine Worte können so verstanden werden ... wäre da nicht sein zweiter Rat am Ende des Buches. Wir müssen seinen Rat, das Leben zu geniessen, im Kontext des ganzen Buches begreifen. Erstens hat er bereits aufgezeigt, dass ein Leben, das nur dem Streben nach Vergnügen gewidmet ist, zu absoluter Leere führt (Pred 2). Und zweitens beendet er das Buch mit dem Hinweis an den Leser, dass es ausser dem Materialismus dieses Lebens noch etwas anderes gibt – Gott und das zukünftige Leben. Diese beiden Einschränkungen bilden so etwas wie mentale «Buchstützen», die der Bedeutung, die man seinen anderen Ratschlägen beimessen kann, Grenzen setzen.

Am Schluss seines Buches verweist Salomo seine Leserschaft auf die letztendliche Quelle der Weisheit auf diesen Seiten hin. «Die Worte der Weisen sind wie Treiberstacheln, und wie eingeschlagene Nägel die gesammelten Aussprüche; sie sind von einem einzigen Hirten gegeben» (Pred 12,11). Was ist Gottes letztes Wort über ein weises Leben in unsicheren Zeiten? «Lasst uns die Summe aller Lehre hören: Fürchte Gott und halte seine Gebote; denn das macht den ganzen Menschen aus. Denn Gott wird jedes Werk vor ein Gericht bringen, samt allem Verborgenen, es sei gut oder böse» (Pred 12,13-14). Weisheit bedeutet, sich daran zu erinnern, dass Gott alles unter Kontrolle hat und alle Dinge auf seine eigene Weise tut. Wir müssen nicht verstehen, warum das Leben so ist, wie es ist. Aber es ist unsere Verantwortung, ihm zu vertrauen, ganz gleich, wie die Umstände sind.

Welches Geheimnis stand hinter Salomos Weisheit? Weisheit beginnt mit der richtigen Beziehung zu Gott ... wenn wir unsere Grenzen anerkennen und demütig seine göttlichen Anweisungen befolgen. «Die Furcht des HERRN ist der Anfang der Erkenntnis; nur Toren verachten Weisheit und Zucht!» (Spr 1,7).

NACHDENKEN UND ANWENDEN

Wir neigen dazu, Weisheit mit Wissen in Verbindung zu bringen. Aber eine weise Person ist jemand, der aus Gottes Perspektive versteht, wie das Leben funktioniert. Nehmen Sie sich etwas Zeit für mehrere unverblümte Fragen über praktische Weisheit.

1. Sind Sie ein «Workaholic»? Ist Ihnen die Arbeit wichtiger als Ihre Familie oder Ihre Zeit mit dem Herrn? Wenn ja, was können Sie in dieser Woche tun, um Gott und Ihre Familie an die erste Stelle zu setzen?

2. Lernen Sie Sprüche 1,7 auswendig und bitten Sie Gott, Ihnen seine Weisheit zu geben, während Sie versuchen, ihm zu vertrauen und gehorsam zu sein.

3. Wenn Sie Selbstporträts von Ihrem Leben machen würden (so wie wir es bei Salomo getan haben), wie würden die bisherigen Schnappschüsse aussehen?

4. Gibt es einen Bereich, in dem Sie bewandert sind? Wie kann dieses Wissen weise genutzt werden? Was kann passieren, wenn Wissen ohne Weisheit zum Einsatz kommt?

5. Geniessen Sie das Leben, das Gott Ihnen gegeben hat? In welcher Beziehung stehen Freude am Leben und Weisheit?

«Denn das Törichte Gottes ist weiser als die Menschen, und das Schwache Gottes ist stärker als die Menschen.»
(1Kor 1,25)

WER SICH SELBST BEHERRSCHT UND SEINE LEI-
DENSCHAFTEN, BEGIERDEN UND ÄNGSTE UNTER
KONTROLLE HAT, IST MEHR ALS EIN KÖNIG.

– John Milton

EIN KLEINES KÖNIGREICH BESITZE ICH, WO
GEDANKEN UND GEFÜHLE WOHNEN; UND DIE
AUFGABE, ES GUT ZU REGIEREN, EMPFINDE ICH
ALS SEHR SCHWER.

– Louisa May Alcott

4. NEBENGESETZE ODER NEBENSÄCH-LICHE GESETZE?
– Selbstbeherr-schung

WER HAT DIE KONTROLLE?

Disziplin ist ein unbeliebtes Wort! Diesen Eindruck vermittelt zumindest unsere Fähigkeit, uns selbst zu beherrschen. Die nationale Diskussion über Gesundheitsfürsorge erhitzte die Gemüter auf allen Seiten, und viele hatten Probleme, ihre Gefühle unter Kontrolle zu halten. Während der Rede von Präsident Obama im Kongress über Gesundheitsfürsorge rief ein Kongressabgeordneter: «Sie lügen!» Später entschuldigte er sich für seine fehlende Selbstbeherrschung, aber seine Bemerkung verdeutlicht den Kampf, den wir alle mit Selbstdisziplin haben. Mangelnde Selbstbeherrschung ist ganz und gar nicht bewundernswert und kann sogar äusserst peinlich sein!

Eltern, die ihre Kinder zu verantwortungsvollen Erwachsenen erziehen wollen, sind sich schmerzlich bewusst, welch ein Kampf Selbstbeherrschung ist. Kindererziehung ist der Prozess, Kinder von äusserer Disziplin zu innerer Selbstbeherrschung zu führen ... und manchmal scheint es, als würde dieser Prozess nur schneckengleiche Fortschritte machen.

Aber warum sollten wir uns Gedanken über Selbstbeherrschung machen? Unsere Gesellschaft tritt für die Rechte des Einzelnen auf Freiheit und Selbstverwirklichung ein. «Wenn es sich gut anfühlt, dann tu es!» «Mach es auf deine Weise!» «Mach es einfach!» Wird nicht die Kreativität erstickt, die Freiheit behindert und dem Leben der Spass genommen, wenn man zu viel Wert auf Selbstbeherrschung legt? Nicht zwangsläufig.

Echte Selbstbeherrschung steht der Freiheit nicht im Weg – sie fördert sie. Alkoholiker können ihren Alkoholkonsum nicht kontrollieren – und werden zu Sklaven gemacht. Spielsüchtige haben keine Kontrolle über ihren Drang zum Spielen – und er zerstört ihre finanzielle Sicherheit. Wer nach pornografischem Material süchtig ist, wird von seiner sexuellen Abhängigkeit beherrscht – die seine Fähigkeit zerstört, gesunde Beziehungen zum anderen Geschlecht zu unterhalten.

Absolute Freiheit ohne Selbstbeherrschung führt *immer* ins Chaos. Selbstbeherrschung bestimmt die Grenzen, innerhalb der echte Freiheit und Kreativität gedeihen können. Sie führt zu einer Reife, die es einem Menschen erlaubt, zu einigen Dingen nein zu sagen, sodass er ja zu den Dingen sagen kann, die wichtiger, hilfreicher oder nötiger sind.

In seinem Megabestseller *The 7 Habits of Highly Effective People* (Die 7 Gewohnheiten von höchst erfolgreichen Menschen) betont Stephen Covey, wie wichtig Leistungsbereitschaft und Selbstbeherrschung sind. Er erklärt, dass wir durch das Eingehen und Einhalten von Verpflichtungen – selbst von kleineren – eine innere Integrität aufzubauen beginnen, die uns ein Bewusstsein von Selbstbeherrschung gibt sowie den Mut und die Kraft, mehr Verantwortung für unser eigenes Leben zu übernehmen. Wenn wir uns und anderen etwas versprechen und es halten, wird unsere Ehre wichtiger als unsere Stimmungen.[12]

ISS DEIN GEMÜSE!

Alle Eltern kennen die «Flugzeugmethode», mit der sie ihre Kinder füttern. Das Kind wird wie ein verurteilter Sträfling an seinen Stuhl gefesselt. Ausserhalb seiner Reichweite stehen auf dem Tisch die Schüsseln mit dem pürierten und unappetitlich aussehenden Gemüse, das kein anständiger Erwachsener jemals essen würde. Dann versuchen wir, unsere Kinder auszutricksen, damit sie die gewünschte Menge an püriertem Spinat und Kürbis essen, indem wir so aufgeregt wie möglich zu ihnen sagen: «Jetzt fliegt das Flugzeug in den Hangar! Ganz weit öffnen!»

Das Kind wächst heran, die Art des Stuhls verändert sich und Teller und Besteck nehmen ein «erwachseneres» Aussehen an. Doch das Theater mit dem Gemüse geht weiter. «Es gibt keinen Nachtisch, bevor du nicht deine Erbsen und Möhren gegessen hast!» Der

Kampf bleibt derselbe, bis Kinder das tun, was sie tun *sollen*, statt was sie *wollen*. Hätten sie die Wahl, würden nur sehr wenige Kinder ohne eine gewisse Form der «Ermutigung» lieber Erbsen und Möhren essen statt Plätzchen und Eis. Der Weg zur Selbstbeherrschung ist gepflastert mit einer Reihe derartiger Schlachten.

ÄUSSERE KONTROLLEN

Selbstbeherrschung klingt in der Theorie grossartig, aber versuchen Sie mal, es in die Praxis umzusetzen! Versuchen Sie, einem von seinen Hormonen angetriebenen 18-jährigen Jungen klarzumachen, dass er seine Gedanken kontrollieren muss. Oder erzählen Sie der erschöpften Mutter eines energiegeladenen Zweijährigen, dass sie ihren Frust beherrschen muss. Die Zwänge und Schwierigkeiten des Lebens haben uns manchmal im Griff und quetschen uns aus, bis wir den Eindruck haben, wir würden explodieren. Alle Nervenenden scheinen blank zu liegen, jedes Quäntchen Kraft wird von diesen Problemen aufgezehrt, die an uns hängen wie Gewichte und uns die Kraft aussaugen wie Blutegel. Wie können wir Selbstbeherrschung erlernen in einer Welt, die alles Mögliche zu tun scheint, um unsere Geduld bei jedem Schritt herauszufordern und zu prüfen?

Eine falsche Reaktion auf den Kampf um Selbstbeherrschung ist das Aufstellen von gesetzlichen Schranken – mittels äusserer Kontrollen, die innere Probleme regeln sollen. Nachdem Ayatollah Khomeini und seine islamischen Fundamentalisten den Iran unter ihre Kontrolle gebracht hatten, führten sie das strikte muslimische Gesetz und äussere Verhaltenskontrollen ein. Frauen war es nicht länger gestattet, sich «provokativ» westlich zu kleiden. Stattdessen forderten die Verantwortlichen von ihnen, den *Chador* zu tragen, ein langes, dunkles Gewand, das den ganzen Körper bedeckt. Der Besitz von Pornografie wurde zu einem Verbrechen, das mit dem Tod bestraft wurde.

Lösen solch drakonische Massnahmen das Problem sexueller Selbstbeherrschung? Nein! Das Regime wird vergeblich bemüht sein, die vielen Lücken im Gesetz zu schliessen und seine äusseren moralischen Normen aufzuerlegen. Sie haben sogar Satellitenschüsseln untersagt, weil tausende von Häusern verbotene Filme und andere sexuell freizügige Programme empfangen konnten. Äussere Kontrollen führen zu keiner langfristigen Verhaltensänderung.

UNTER DEM FLÜGEL DES PAULUS

Unsere grundlegenden Kämpfe haben sich mit den Jahren nicht verändert, weil die menschliche Natur noch immer dieselbe ist. Vor zweitausend Jahren schrieb der Apostel Paulus einem jungen Mann in der Westtürkei, der mit denselben Problemen zu kämpfen hatte, die auch wir heute kennen. Timotheus war Paulus' junger Schützling. Er begleitete ihn auf seinen Reisen und lernte eine Menge von diesem grossen Apostel.

Das Leben mit Paulus muss sowohl aufregend als auch anstrengend gewesen sein. Wenn man liest, wie Paulus seinen Dienst beschrieb, hat man keinen Zweifel, dass das nichts für schwache Nerven war:

«Ich habe weit mehr Mühsal, über die Massen viele Schläge ausgestanden, war weit mehr in Gefängnissen, öfters in Todesgefahren. Von den Juden habe ich fünfmal 40 Schläge weniger einen empfangen; dreimal bin ich mit Ruten geschlagen, einmal gesteinigt worden; dreimal habe ich Schiffbruch erlitten; einen Tag und eine Nacht habe ich in der Tiefe zugebracht. Ich bin oftmals auf Reisen gewesen, in Gefahren auf Flüssen, in Gefahren durch Räuber, in Gefahren vom eigenen Volk, in Gefahren von Heiden, in Gefahren in der Stadt, in Ge-

fahren in der Wüste, in Gefahren auf dem Meer, in Gefahren
unter falschen Brüdern.» (2Kor 11,23-26)

Mit Paulus unterwegs zu sein, war so, als würde man im Krieg
an der Front kämpfen. Ständig auf Trab. Immer in Gefahr. Ein haarsträubendes Abenteuer nach dem anderen. Paulus hatte von Gott
einen Auftrag, und Timotheus tat sein Bestes, um mit seinem dynamischen Mentor mitzuhalten. Doch die Nähe von Paulus war ein-
schüchternd. Und Timotheus war sich all seiner offensichtlichen
Schwächen schmerzlich bewusst.

DIE ZAHL DER MENSCHEN, DIE AN JESUS CHRISTUS
GLAUBTEN, WAR SO STARK ANGEWACHSEN, DASS DIE
VERANTWORTLICHEN IN ROM NOTIZ VON IHNEN NAHMEN.

Timotheus muss sich wie das fünfte Rad am Wagen in der
Gemeindeführung gefühlt haben. In einer Gesellschaft, in der das
Alter hoch geschätzt und mit Weisheit in Verbindung gebracht
wurde, war Timotheus nur ein junger Bursche (1Tim 4,12). In einer
auf kultureller Trennung basierenden Gesellschaft war Timotheus
das Produkt einer religiösen und rassischen Mischehe – einer gläubigen jüdischen Mutter und eines heidnischen griechischen Vaters
(Apg 16,1). In einer Gemeinde, die dynamische und starke Führer
brauchte, war Timotheus schüchtern und häufig krank (1Tim 5,23;
2Tim 1,6-8).

Stellen Sie sich Timotheus' Sorge vor, als der Apostel Paulus ihn
allein als seinen offiziellen Stellvertreter in Ephesus zurückliess.
Paulus erwartete von Timotheus, dass er sich mit einigen ernsten Problemen befasste, unter denen diese strategisch wichtige
Gemeinde zu zerbrechen drohte. Erschwerend kam hinzu, dass es
harte Zeiten für alle Gemeinden im Römischen Reich waren. Die

Zahl der Menschen, die an Jesus Christus glaubten, war so stark angewachsen, dass die Verantwortlichen in Rom Notiz von ihnen nahmen. Einige Zeit später, nachdem er Timotheus in Ephesus zurückgelassen hatte, wurde der Apostel verhaftet, nach Rom gebracht und von der römischen Regierung zum zweiten Mal ins Gefängnis gesteckt. Diese Haft endete mit seiner Hinrichtung. Timotheus übernahm eine Gemeinde, die unter falschen Lehren und Abfall vom Glauben litt. Einige befürworteten einen rigiden äusseren Gehorsam gegenüber restriktiven Gesetzen, um Selbstbeherrschung zu entwickeln und von Gott angenommen zu werden. «Sie verbieten zu heiraten und Speisen zu geniessen» (1Tim 4,3). Andere traten für ichbezogene Philosophien ein, die auf eitlen Spekulationen basierten. Paulus erwartete vom jungen Timotheus, dass er diesen Menschen die Botschaft von der biblischen Selbstbeherrschung vorlebte. Dazu gab er Timotheus drei spezielle Tipps, wie er diesen Charakterzug in sich und anderen entwickeln konnte.

TIPP 1:
VERLIEBE DICH IN JESUS CHRISTUS

In den Teenagerjahren findet im Leben eines jungen Mannes eine magische Verwandlung statt. Diese «schrecklichen Mädchen», denen er einst aus dem Weg zu gehen versuchte, werden auf einmal interessant, aufregend ... und begehrenswert! Das ist so, als würden die Pole eines Magneten plötzlich vertauscht. Die wohl geformten Wesen, die einst abstossend waren, erscheinen nun unwiderstehlich attraktiv. Das ist amore!

Die Liebe führt auch zu Veränderungen im Handeln und Denken. Ein verliebter junger Mann fängt an, sich Gedanken um seine allgemeine Erscheinung zu machen – seine Kleidung, sein Haar, seinen Teint. Mütter staunen, wenn ihre Söhne *freiwillig* Verantwortung für ihr Aussehen übernehmen.

Der Wunsch, jemandem zu gefallen, den wir lieben, ist eine starke Motivation. Der Patriarch Jakob arbeitete sieben lange Jahre, um Rahel heiraten zu dürfen, aber «sie kamen ihm vor wie einzelne Tage, so lieb hatte er sie» (1Mo 29,20). Wenn man jemanden sehr liebt, gibt man gerne Freiheiten auf, weil der Wunsch, dieser Person zu gefallen, grösser ist. Einem liebenden Herzen fällt Selbstbeherrschung leicht.

Der Apostel Paulus wusste, dass dies eine gute Motivation ist, um an der eigenen Selbstbeherrschung zu arbeiten. Nachdem er Timotheus in Ephesus zurückgelassen hatte, drängte Paulus ihn, die Ausbreitung falscher Lehren aufzuhalten. Timotheus sollte sich für Gottes wahre Botschaft in der Gemeinde einsetzen. «Das Endziel des Gebotes aber ist Liebe aus reinem Herzen und gutem Gewissen und ungeheucheltem Glauben» (1Tim 1,5).

Paulus kannte die Kraft der Liebe aus erster Hand. Als eifriger Pharisäer erlebte er auf der Strasse nach Damaskus die Liebe Gottes ... und sie veränderte sein Leben. Vor seiner Begegnung mit Jesus Christus beschrieb er sich als «Lästerer und Verfolger und Frevler» (1Tim 1,13). Gott gab seine Gnade einer Person, die nur das Gericht verdient hatte, und dass Paulus ihm so viel Liebe schuldete, motivierte ihn zum Dienst für seinen Herrn.

Wie sehr lieben Sie den Herrn? Ein anderer Apostel, Johannes, erinnerte seine Leser an die Reihenfolge der Liebe. «Wir lieben ihn, weil er [Gott] uns zuerst geliebt hat» (1Jo 4,19). Je mehr Sie erkennen, wie sehr Gott Sie liebt ... mit einer Liebe, die so gross ist, dass er freiwillig seinen Sohn sandte, um für Ihre Sünden zu sterben ..., umso grösser wird Ihre Liebe zu ihm. Und je mehr Sie ihn lieben, umso bereitwilliger werden Sie die Veränderungen in Ihrem Leben vornehmen, die ihm gefallen.

TIPP 2:
LERNE DAS WORT GOTTES KENNEN
UND LEBE DANACH

Squash ist ein schneller Sport, den man auch als Kamikaze-tennis bezeichnen könnte! Bis zu vier Personen befinden sich in einem kleinen Raum und schwingen ihre kurzen Schläger gegen einen hohlen Gummiball. Der Ball springt weit von Boden, Decke und den vier Wänden ab. Jeder Spieler versucht, den Ball so gegen die vordere Wand zu schlagen, dass die anderen Spieler ihn nicht zurückschlagen können. Das Geheimnis beim Squash ist zu wissen, wohin der Ball springt, wenn er von der vorderen Wand abprallt ... und den nächsten Schlag des Gegenspielers vorauszuahnen. Ein starker, schneller, aber unerfahrener Squashspieler wird normalerweise gegen einen versierten Gegner verlieren, auch wenn dieser älter, langsamer und schwächer ist. Wissen und Fähigkeiten sind oft wichtiger als Kraft und Schnelligkeit. Beherrscht man die Regeln des Spiels, ist man im Vorteil.

Paulus wollte Timotheus in seinem Brief das Wissen und die Fähigkeit vermitteln, die er brauchte, um die Gemeinde in Ephe-sus zu leiten. Timotheus musste die Fähigkeiten beherrschen, um ein kompetenter Führer zu werden. In 1. Timotheus 4 weihte Paulus ihn in die entscheidende Beziehung zwischen Selbstbeherrschung und dem Wort Gottes ein.

Zu Beginn erinnert er Timotheus daran, dass er «mit den Worten des Glaubens und der guten Lehre, der du nachgefolgt bist», auf-gewachsen ist (1Tim 4,6). Bevor Timotheus «ein guter Diener Jesu Christi sein» konnte (4,6), musste er die Wahrheit des Wortes Got-tes kennen. Das Wissen um die Grundlagen ist entscheidend für die Entwicklung von Selbstbeherrschung.

Die Wahrheit des Wortes Gottes zu kennen und zu lehren, reicht aber nicht aus. Die Wahrheit muss von unserem Kopf ... in unser

Herz ... und in unsere Hände gelangen. Timotheus sollte Gottes Wahrheit nicht nur «gebieten und lehren», Paulus erwartete von ihm auch, «den Gläubigen ein Vorbild» zu sein (1Tim 4,11-12).

Paulus nannte fünf Bereiche, in denen Timotheus Selbstbeherrschung benötigte. Jeder von ihnen ist wichtig.

- **Worte**   Sei ein Vorbild in deinen Worten
- **Lebensführung** Sei ein Vorbild in deinen Taten
- **Liebe**   Sei ein Vorbild, indem du anderen hilfst
- **Glauben**   Sei ein Vorbild darin, wie du Gott vertraust
- **Reinheit**   Sei ein Vorbild in deinem Verhalten gegenüber dem anderen Geschlecht

Ich vermute, es schnürte Timotheus die Kehle zu und das Herz in seiner Brust begann zu rasen, als er diese Liste las. Paulus wollte Selbstbeherrschung in *jedem* Lebensbereich, und Timotheus war sich seiner eigenen Kämpfe und Grenzen deutlich bewusst. Wie konnte er alle diese Voraussetzungen nur erfüllen?

Paulus gibt sogleich die Antwort. «Bis ich komme, sei bedacht auf das Vorlesen, das Ermahnen und das Lehren» (1Tim 4,13). Durch die Beschäftigung mit dem Wort Gottes würde Timotheus die Antworten finden, die er brauchte, um an Selbstbeherrschung zu arbeiten – in sich selbst und im Leben des Volkes Gottes in Ephesus.

WIR MÜSSEN DAS WORT GOTTES KENNEN,
WENN WIR ERFOLGREICH SEIN WOLLEN.

Gottes Wort gibt uns das Wissen, das wir brauchen, um Gott mit unserem Leben zu gefallen. Je mehr wir das Wort Gottes studieren und es in unser Denken integrieren, umso mehr werden wir in der Lage sein, ein von Selbstbeherrschung charakterisiertes Leben zu führen.

Als meine beiden Kinder noch viel jünger waren, nahm ich sie einmal zum Squashspielen mit. Sie schlugen wild nach dem Ball und rannten nach rechts, während der Ball nach links von der Wand absprang. Sie hatten ihren Spass ... aber sie spielten nicht Squash! Ihnen fehlte das Grundwissen für das Spiel. Und ohne dieses Wissen konnten sie nicht erfolgreich sein. In unserem Leben als Christ ist es genauso. Wir müssen das Wort Gottes kennen, wenn wir erfolgreich sein wollen. Es ist schwer, sich selbst zu beherrschen, wenn wir nicht wissen, in welchen Lebensbereichen wir daran arbeiten müssen. Diese Wahrheit erfahren wir nur im Wort Gottes.

TIPP 3:
HÜTE DICH VOR GESETZLICHKEIT

Unsere Gesellschaft ist immer mehr auf Geschwindigkeit ausgerichtet. Während das Leben ständig hektischer wird, suchen wir nach einfachen Antworten. Viele Bürger wählen ihre Führungspersonen aufgrund von Werbespots im Fernsehen, Radio und Internet, die sich mehr durch Stil als durch Substanz auszeichnen.

Von Reportern erwarten wir eine Zusammenfassung nationaler und internationaler Nachrichten, der wir nahezu in Echtzeit entnehmen können, was in der Welt vor sich geht, insbesondere wenn wir uns im Computer oder auf dem Handy über die wichtigsten Nachrichten informieren.

Einen ähnlichen Ansatz wählen wir auch bei biblischer Selbstbeherrschung. Auf die altmodische Weise dauert es so lange, bis wir uns Selbstbeherrschung erarbeitet haben. Können wir Gottes Erwartungen für unser Leben nicht auf die zehn oder fünf wichtigsten Gebote reduzieren, die wir befolgen sollen? Ein Leben in Selbstbeherrschung wäre so viel einfacher, wenn wir nur daran denken müssten: «Trinke nicht, rauche nicht ... gehe nicht mit Mädchen aus, die das tun!»

Eine gebrauchsfertige Liste mit Geboten und Verboten für das Leben als Christ klingt verlockend, aber die Ergebnisse sind verheerend. Letzten Endes wird die Liste wichtiger als das Wort Gottes. Die Pharisäer begannen mit einem edlen Wunsch. Sie wollten einen Schutzwall um das Wort Gottes errichten, damit sie nicht zufällig gegen ein Gebot verstiessen und gegen Gott sündigten. Ihre spezielle Liste mit Geboten und Verboten bestand aus Zäunen, die ihnen und ihren Anhängern helfen sollten, sich innerhalb des Gesetzes Gottes zu bewegen.

Zur Zeit Jesu war ihre Liste mit Geboten und Verboten leider schon so sehr angewachsen, dass sie denen schadete, die sie einzuhalten versuchten. Jesus behielt einige seiner schärfsten Verurteilungen denen vor, die eine derartige Gesetzlichkeit predigten. «Sie binden nämlich schwere und kaum erträgliche Bürden und legen sie den Menschen auf die Schultern; sie aber wollen sie nicht mit einem Finger anrühren» (Mt 23,4). Im selben Kapitel nannte Jesus die Pharisäer «Heuchler», «blinde Führer», «Narren und Blinde», «getünchte Gräber», «Schlangen» und «Otterngezücht»! Während er diese Worte sprach, konnten die Nachfolger Jesu von Jerusalem zum Ölberg blicken und reich verzierte Mausoleen sehen – kunstvoll in Stein gemeisselt und weiss angestrichen, aber angefüllt mit verwesenden Körpern. Und direkt dahinter lag die Wüste Juda mit ihren tödlichen Schlangen und Skorpionen.

Warum diese harten Worte? Jesus verurteilte die Menschen, die für Gesetzlichkeit eintreten, weil sie das exakte Gegenteil von dem bewirkt, was sie beabsichtigt. Statt das Wort Gottes zu verdeutlichen, ersetzt sie es durch menschliche Regeln. Statt die Freiheit zu geben, das Richtige zu tun, versklavt sie die Menschen an ein System, das niemand erfüllen kann. Statt Gerechtigkeit zu fördern, begünstigt sie heuchlerischen Stolz. Statt zum Leben zu führen, hat sie letzten Endes den Tod zur Folge.

Verstehen Sie mich nicht falsch. Das Gegenteil von Gesetzlichkeit ist *nicht* Gesetzlosigkeit ... es sind die Massstäbe für Gerechtigkeit, die wir im Wort Gottes finden. Gesetzlichkeit fügt dem Wort Gottes noch etwas hinzu. Sie ersetzt gottgewollte Regeln durch menschliche.

Zwischen Gesetzlichkeit und den von Gott festgelegten Massstäben sehe ich zwei konkrete Unterschiede. Erstens versucht die Gesetzlichkeit, engere Grenzen zu setzen, als Gott sie in seinem Wort verfügt hat. Gottes Wort sagte Israel: «Gedenke an den Sabbattag und heilige ihn!» (2Mo 20,8). Die Gesetzlichkeit der Pharisäer teilte Israel mit, wie sie am Sabbat essen sollten (Mt 12,1-2), was sie am Sabbat tragen oder nicht tragen durften (Joh 5,10), und wie weit sie am Sabbat gehen durften (Apg 1,12). Sie legten das Gesetz Gottes in Ketten.

Zweitens führt Gesetzlichkeit zu der Überzeugung, dass die Einhaltung einer bestimmten Liste von Vorschriften eine Person gerecht macht. Aber Gottes Wort sagt, ein Mensch sollte versuchen, ein gerechtes Leben zu führen, weil Gott ihn *bereits* gerecht gemacht hat. Gesetzlichkeit verspricht, dass der Mensch durch das Befolgen einiger Regeln Gottes Gunst gewinnen kann. Biblische Selbstbeherrschung ermutigt Menschen dazu, dem Wort Gottes gehorsam zu sein, damit ihr Leben ihrer fest verankerten Stellung als Kinder Gottes entspricht.

Gesetzlichkeit ist nichts Neues. Die Pharisäer praktizierten sie zur Zeit Christi, und einige Personen versuchten, sie der Gemeinde in Ephesus aufzuerlegen. Paulus warnte Timotheus vor der Gefahr, Selbstbeherrschung durch Gesetzlichkeit zu ersetzen. Die falschen Lehrer in Ephesus hoben den Gehorsam gegenüber dem Gesetz hervor (1Tim 1,7-10). Paulus erinnerte Timotheus, «dass einem Gerechten kein Gesetz auferlegt ist, sondern Gesetzlosen und Widerspenstigen, Gottlosen und Sündern, Unheiligen und Gemeinen» (1,9).

Das Gesetz kann helfen, das Böse in Schach zu halten, aber Gerechtigkeit kann es nicht hervorbringen. Das Gesetz bringt Verbrecher ins Gefängnis ... aber es macht die, die bereits gerecht sind, nicht gottesfürchtiger. Paulus erinnerte Timotheus an die Beweggründe vieler Personen, die sich für Gesetzlichkeit stark machen. Solche Lehren kommen «durch die Heuchelei von Lügenrednern, die in ihrem eigenen Gewissen gebrandmarkt sind» (1Tim 4,2). Harte, aber wahre Worte. Menschen, die dem Wort Gottes ihren Massstab für richtig und falsch hinzufügen, versuchen, den Platz Gottes einzunehmen.

Paulus nannte zwei Beispiele für Gesetzlichkeit, die sich in die Gemeinde in Ephesus eingeschlichen hatte. «Sie verbieten zu heiraten und Speisen zu geniessen» (1Tim 4,3). Möglicherweise dachten diese Lehrer, ein grundsätzliches Eheverbot würde das Problem der sexuellen Unmoral lösen. Dem war nicht so! Vielleicht nahmen sie an, eine Liste mit «verbotenen Lebensmitteln» würde ihnen helfen, bei anderen keinen Anstoss zu erregen. Das tat es nicht! Diese zusätzlichen Listen mit Vorschriften erreichten nur, dass die Dinge, die Gott als gut erschaffen hatte, als böse in Verruf gebracht wurden. Gesetzlichkeit war *nicht* der Weg, den Timotheus zur Selbstbeherrschung nehmen sollte.

Schliessen Sie sich dem Trainingsprogramm Gottes an

Obschon Timotheus zusammen mit Paulus fast ein Jahrzehnt treu gedient hatte, war es nach wie vor nötig, dass er sich Selbstbeherrschung in seinem Leben aneignete. Paulus forderte ihn auf: «Übe dich in der Gottesfurcht!» (1Tim 4,7). Der Prozess kostet Zeit ... und Mühen.

Das Leben ist ein Marathon, kein Sprint, und es erfordert Disziplin und Durchhaltevermögen. Der Verfasser des Hebräerbriefes erinnert uns an diesen wichtigen Grundsatz, und seine herausfordernden und ermutigenden Worte setzen einen passenden Schlusspunkt hinter unser Studium der Selbstbeherrschung. «Da wir nun eine solche Wolke von Zeugen um uns haben, so lasst uns jede Last ablegen und die Sünde, die uns so leicht umstrickt, und lasst uns mit Ausdauer laufen in dem Kampf, der vor uns liegt, indem wir hinschauen auf Jesus, den Anfänger und Vollender des Glaubens» (Hebr 12,1-2a).

NACHDENKEN UND ANWENDEN

Selbstbeherrschung ist ein Nebenprodukt des Wirkens Gottes in unserem Leben. «Die Frucht des Geistes aber ist ... Selbstbeherrschung» (Gal 5,22). Wir können zu diesem Prozess beitragen, wenn wir Gott und sein Wort kennen und lieben lernen.

1. Wie sehr lieben Sie den Herrn? Lesen Sie Philipper 2 und denken Sie über alles nach, was Jesus für Sie getan hat. Danken Sie anschliessend dem Herrn und sagen Sie ihm, dass Sie ihn lieben.
2. Nehmen Sie sich Zeit für Gottes Wort? Wenn nicht, dann denken Sie doch mal darüber nach, täglich mindestens ein Kapitel in der Bibel zu lesen. Fangen Sie mit den Briefen des Paulus an Timotheus an.
3. Verlassen Sie sich auf das Einhalten von Regeln, statt Christus nachzufolgen? Wie können Sie zu ihm hinwachsen?
4. Gibt es Bereiche, in denen Sie mehr Selbstbeherrschung benötigen? Welchen Schritt können Sie heute gehen?
5. Lernen Sie Galater 5,22 auswendig und vergleichen Sie Ihr Leben mit der «Frucht des Geistes.»

«Übe dich in der Gottesfurcht! Denn die leibliche Übung nützt wenig, die Gottesfurcht aber ist für alles nützlich, da sie die Verheissung für dieses und für das zukünftige Leben hat.» (1Tim 4,7-8)

IN SEINER WEISHEIT HAT GOTT UNS IM DUNKLEN
GELASSEN ÜBER ZUKÜNFTIGE EREIGNISSE UND
SICH SELBST DAS WISSEN ÜBER SIE VORBEHAL-
TEN, SODASS ER UNS ZUR ABHÄNGIGKEIT VON
SICH SELBST UND ZU EINER STÄNDIGEN BEREIT-
SCHAFT FÜR ALLE FÄLLE ERZIEHEN KANN.

– *Matthew Henry*

5. KANN ICH MICH AUF GOTT VERLASSEN? –
Vertrauen

VON BEAVER CLEAVER ZU BART SIMPSON

D ie westliche Gesellschaft wurde von einem tiefen geistlichen, sozialen und moralischen Wandel erschüttert, der in den 1950ern begann. Ein Grossteil der Veränderungen in den Vereinigten Staaten ist auf die Nachkriegsgeneration zurückzuführen. Im Gegensatz zu ihren Eltern haben sie – und die, die nach ihnen kamen – das Erwachsenenalter erreicht:

- mit der Furcht vor der atomaren Auslöschung und der globalen Erwärmung der Erdatmosphäre statt der grossen Weltwirtschaftskrise oder dem Faschismus
- mit dem Widerstand gegen den Krieg (in Vietnam, Irak und Afghanistan) statt der Unterstützung des Zweiten Weltkriegs
- mit visuellen Informationsquellen (durch Fernsehen und Internet) statt dem Radio oder der Tageszeitung
- mit Misstrauen statt Respekt vor Autoritäten.

Die Beaver Cleavers früherer Jahre sind heute zu den Bart Simpsons geworden. Und auf dem Weg haben wir unsere Fähigkeit verloren, anderen zu vertrauen.

WEM KÖNNEN SIE VERTRAUEN?

Während der Weltwirtschaftskrise von 1929 gaben Präsident Franklin Roosevelts «informelle Fernsehansprachen» den Amerikanern Trost und Sicherheit in einem Meer voller Ungewissheit. Der Präsident kümmerte sich. Er tat etwas. Er nahm sich unserer Probleme an.

Der Watergate-Skandal erschütterte das Vertrauen der Menschen, die in jener Zeit lebten. In den nachfolgenden Jahren hat eine Reihe von Behauptungen und Enthüllungen das Vertrauen der

Bürger in die Regierungsverantwortlichen des Landes weiter untergraben. Einem Politiker vertrauen? Du machst wohl Scherze! Wem können wir dann vertrauen, wenn nicht Politikern? Was ist mit der Polizei, unseren ernannten Gesetzes- und Ordnungshütern? Nahezu jede Woche kommt eine neue Geschichte ans Licht über Polizisten, die einen in Gewahrsam genommenen Verdächtigen geschlagen haben sollen. Anfangs glauben die Leute dem Bericht eines Polizeibeamten mehr als einem Verdächtigen. Schliesslich steht das Wort der Polizei (der man vertrauen kann, wie uns beigebracht wurde) gegen das Wort eines Verhafteten. Doch dann melden sich Personen, die den Vorfall mit dem Handy aufgezeichnet haben, und wir haben das Gefühl, dass unser Vertrauen missbraucht wurde. Der Polizei vertrauen? Mittlerweile sind wir uns nicht mehr so sicher.

Auf unserer verzweifelten Suche nach Vertrauen wenden wir uns an die Gemeinde. Gottes Diener sollten doch die vertrauenswürdigsten Personen überhaupt sein, da sie den repräsentieren, der «der Treue und der Wahrhaftige» genannt wird (Offb 19,11). Und die Menschen, die behaupten, Gott zu kennen und für ihn zu sprechen, machen uns am meisten wütend, wenn wir von neuen Fällen von sexuellen Verfehlungen oder finanziellen Skandalen lesen. Unser Zynismus nimmt zu, wenn jemand, der behauptet, ein «Mann Gottes» zu sein, uns hinters Licht führt.

Ich war vor kurzem zu Besuch in einer Gemeinde, die von einem Pastor zerstört wurde, der das Vertrauen der Gemeinde missbraucht hatte. Obgleich er nur ein paar Jahre in der Gemeinde gewesen war, waren die meisten Mitglieder von seinem Charme, seinem Selbstbewusstsein und seiner Überzeugungskraft fasziniert. Gekonnt führte er die Gemeinde durch eine Reihe von strategischen Entscheidungen, die sich als äusserst erfolgreich herausstellten. Die Gemeinde wuchs, die Spenden nahmen zu und der gute Ruf des Pastors verbreitete sich. Es war *die* Gemeinde im Bezirk.

Dann tauchte jemand unangekündigt und unerwartet im

Arbeitszimmer des Pastors auf ... und ertappte ihn in den Armen einer Frau, die nicht seine Ehefrau war. Die Gemeinde war entsetzt, am Boden zerstört und wütend. Sie fühlten sich gedemütigt, als sich die peinliche Affäre des Pastors in der Gegend herumsprach. Heute ist der Pastor weg, seine Familie ist zerbrochen. Aber das Ansehen der Gemeinde in der Stadt bleibt beschmutzt, und sie hat nur noch einen Bruchteil ihrer ehemaligen Grösse. Und die Menschen, die geblieben sind, haben Probleme, dem neuen Pastor zu vertrauen.

Es ist tragisch, wenn eine Ortsgemeinde eine solche Erfahrung durchmachen muss. Aber wenn es die Geschichte eines führenden Christen in die nationalen Nachrichten schafft, dient das nur dazu, Öl in das Feuer von Nichtgläubigen zu giessen, die meinen, dass religiöse Menschen nicht vertrauenswürdig sind.

Politiker. Polizisten. Pastoren. Drei Personengruppen, denen Autorität und Verantwortung übertragen wurde. Drei Gruppen, von denen wir eigentlich erwarten sollten, dass sie vertrauenswürdig sind ... die aber in den letzten Jahren beträchtlich versagt haben. Kein Wunder, dass wir so zynisch und misstrauisch sind! Können wir überhaupt jemandem vertrauen?

Auf Gott vertrauen wir

Mein Kampf um Vertrauen nahm eine dramatische Wendung in dem Jahr, als ich das College verliess. Ich machte meinen Abschluss im Mai, heiratete im Juni und zog im August nach Texas, wo ich mein Studium begann. Als der Frühling näher rückte, begann ich meine Entscheidung zu hinterfragen. Woher wusste ich, dass es das war, was Gott von mir wollte? Wie konnte ich sicher sein, dass Gott sich um mich kümmerte? War es ein kluger Schritt für Kathy und mich? Eines meiner Probleme war, dass ich *niemanden* in Texas kannte.

Wir packten alles, was wir besassen, in einen Anhänger – das meiste davon waren Bücher. Kurz vor unserem Umzug kratzten wir alle finanziellen Mittel zusammen. Nachdem wir unsere Schulden am College beglichen hatten, blieb uns gerade noch genug Geld übrig, um nach Texas zu fahren, eine kleine Wohnung zu mieten, Lebensmittel für ein paar Wochen einzukaufen und die Studiengebühren für unser erstes Semester am Seminar zu bezahlen. Kaum ein Notgroschen! Wie konnten wir einen solchen Schritt unternehmen? Wenn ich heute daran zurückdenke, erscheint mir das noch immer erstaunlich. Und dennoch erinnere ich mich deutlich daran, was mir damals den Frieden, den Glauben und das Vertrauen zu diesem Umzug gab. Zu einem früheren Zeitpunkt in diesem Frühling hatte ich begonnen, zu Gott zu beten und ihn zu bitten, mir sehr genau zu zeigen, was er von mir wollte. Ich hatte mich an der Universität beworben, und ich sagte Gott, dass er es mir ganz klar machen müsste, wenn ich nach Texas gehen sollte.

In dem Zeitraum, als ich dafür betete, las ich den Hebräerbrief in meiner stillen Zeit mit Gott. Einige Wochen, nachdem ich ihn um eine deutliche Wegweisung gebeten hatte, kam ich zu Hebräer 11. Ein Vers sprang mir besonders entgegen: «Durch Glauben gehorchte Abraham, als er berufen wurde, nach dem Ort auszuziehen, den er als Erbteil empfangen sollte; und er zog aus, ohne zu wissen, wohin er kommen werde» (Hebr 11,8).

> GLAUBEN IST DIE FÄHIGKEIT, AUF GOTT UND SEINE VERHEISSUNGEN ZU VERTRAUEN, BEVOR WIR SEHEN, WIE SIE SICH ERFÜLLEN.

Gott gebrauchte diesen Vers in meinem Leben, um mir die Bedeutung von Glauben und Vertrauen beizubringen. Abraham war ein Mann des Glaubens, der gehorsam war, als Gott ihm einen Auftrag gab, auch wenn er nicht alle Einzelheiten verstand. Er vertraute Gott so sehr, dass er wusste, Gott würde sich um die Details kümmern. Diese Lektion musste ich lernen. War mein Gott gross genug, für Kathy und mich in Texas zu sorgen? Wie wir herausfanden, war die Antwort ein klares Ja! Gott brachte uns durch diese Zeit und liess unser Vertrauen in ihn beträchtlich wachsen.

Nicht, dass es immer leicht war ... Jahrelang habe ich das Rechnungsbuch für dieses erste Jahr am Seminar aufgehoben. Es gab Zeiten, in denen wir weniger als fünf Dollar auf unserem Girokonto hatten und es noch mehr als eine Woche bis zum Zahltag war. (Wir assen eine *Menge* Käsemakkaroni!) Doch inmitten dieser schwierigen Zeit zeigte Gott uns wiederholt, dass er sich um unsere Bedürfnisse kümmern konnte und wollte. Wir lernten, ihm zu vertrauen. Während wir im Glauben vorangingen, stellten wir fest, dass wir uns auf Gott verlassen konnten.

Durch Glauben gehorchte Abraham ...

Hebräer 11 wird oft als Gottes «Glaubenshalle» bezeichnet. Das Wort «Glauben» kommt im ganzen Kapitel 22 Mal vor und wird anhand des Lebens von mindestens 16 verschiedenen Personen veranschaulicht. Am Anfang des Kapitels definiert der Verfasser das Wesen des Glaubens. «Es ist aber der Glaube eine feste Zuversicht auf das, was man hofft, eine Überzeugung von Tatsachen, die man nicht sieht» (11,1). Glauben ist die Fähigkeit, auf Gott und seine Verheissungen zu vertrauen, bevor wir sehen, wie sie sich erfüllen.

Mit Abraham suchte der Verfasser ein wichtiges Beispiel für seine jüdisch-christlichen Leser aus. Abraham war der physische und geistliche Vater aller Juden. Und er führte ein Leben, das sich durch Glauben auszeichnete. Der Schreiber des Hebräerbriefes benutzte Abraham, um drei konkrete Glaubenslektionen deutlich zu machen.

Der Glaube folgt, wenn Gott ruft

Unser erster Blick auf Abraham gibt uns keinen Hinweis auf seine spätere Grösse. Hätte Ur in Chaldäa ein Gymnasium gehabt, wäre Abraham in der Abschlussklasse nicht mit dem Prädikat verabschiedet worden: «Wird höchst wahrscheinlich erfolgreich sein.» Abram (Abrahams ursprünglicher Name) war einer von drei Söhnen einer heidnischen Familie. Sein Vater «diente anderen Göttern» (Jos 24,2). Ur, seine Geburtsstadt, war ein Zentrum der Anbetung des Mondgottes. Abrahams Bruder Haran starb, und Abraham übernahm die Verantwortung für die Erziehung seines hinterbliebenen Sohnes. Abram heiratete Sarai (Sarahs ursprünglicher Name), aber ihre Unfruchtbarkeit trübte die Ehe. Nichts an seiner Herkunft deutete darauf hin, dass Abraham einmal ein aussergewöhnlicher Mann des Glaubens werden sollte.

Was veränderte Abraham? Die Bibel gibt an drei verschiedenen Stellen die Antwort.

- «Der HERR aber hatte zu Abram gesprochen: Geh hinaus aus deinem Land und aus deiner Verwandtschaft und aus dem Haus deines Vaters in das Land, das ich dir zeigen werde! ... Da ging Abram, wie der HERR zu ihm gesagt hatte.» (1Mo 12,1.4)

- «Der Gott der Herrlichkeit erschien unserem Vater Abraham, als er in Mesopotamien war, bevor er in Haran wohnte, und sprach zu ihm:»Geh hinaus aus deinem Land und aus deiner Verwandtschaft und zieh in das Land, das ich dir zeigen werde!« Da ging er aus dem Land der Chaldäer und wohnte in Haran. Und nach dem Tod seines Vaters führte er ihn von dort herüber in dieses Land.» (Apg 7,2-4)

- «Durch Glauben gehorchte Abraham, als er berufen wurde, nach dem Ort auszuziehen, den er als Erbteil empfangen sollte; und er zog aus, ohne zu wissen, wohin er kommen werde.» (Hebr 11,8)

Was unterschied Abraham und machte ihn zu einem solch bemerkenswerten Vorbild für den Glauben? In all diesen Stellen ist die Antwort leicht zu finden: Er folgte, als Gott rief. Keine Ausreden. Kein Ausweichen. Kein Zögern. Als Gott sagte, er solle sich aufmachen, packte Abraham sein Zelt zusammen! Und das war kein kleines Unterfangen. Abraham hatte Diener und Herden. Sie brauchten Vorräte, Weideland und Wasser. Er war verantwortlich für das Wohl von hunderten von Menschen (1Mo 14,14). Manche würden Abrahams Reaktion einen «blinden Glaubensschritt» nennen. Aber war es das wirklich? Nein, aus zwei Gründen.

Erstens beruhte Abrahams Reaktion auf einer persönlichen Begegnung mit Gott. Zuerst offenbarte sich Gott Abraham, und Abrahams Handeln war eine Reaktion auf Gottes Offenbarung. Jedes Mal, wenn die Bibel von dieser Begebenheit berichtet, geht Gottes Aufforderung Abrahams Reaktion voraus.

Zweitens hatte Abraham absolutes Vertrauen in seinen ewigen Führer, auch wenn er das Ziel am Anfang noch nicht kannte. Der Verfasser des Hebräerbriefes wirft das richtige Licht auf Abrahams Glauben. Obwohl Abraham nicht wusste, «wohin er kommen werde», als er von Mesopotamien ins Land Kanaan reiste, sah er diese Wegstrecke doch als einen kleinen Teilabschnitt seiner grösseren Glaubensreise an. Er kam mit den Ungewissheiten und Unbeständigkeiten in diesem Leben zurecht, weil «er auf die Stadt wartete, welche die Grundfesten hat, deren Baumeister und Schöpfer Gott ist» (Hebr 11,10).

Ich musste daran denken, wie wichtig ein Führer ist, als unser Reisebus auf einer etwas abgenutzten Strasse in Israel um eine scharfe Kurve schoss. Ich war der Leiter einer Studienreise mit 25 Teilnehmern, aber dieser Tag war wirklich einmalig. Normalerweise leite ich die Reise, aber heute hatten wir einen ortsansässigen israelischen Führer. Sogar der Busfahrer kannte die Strassen nicht, die wir diesmal nahmen! Einige dieser «Strassen» waren nicht mehr als Schotterwege, die man aus den steinigen Hängen geschlagen hatte. Einmal falsch abbiegen und unser Bus mit israelischem Kennzeichen konnte im politisch instabilen Nahen Osten in einem arabischen Dorf in der West Bank landen, wo wir höchst unerwünscht und unwillkommen gewesen wären.

Der Busfahrer war ein israelischer Araber, ein geschickter Fahrer und mein persönlicher Freund. Wir tauschten Blicke aus, und ich erkannte, dass er nervös war. Unser Leben lag in den Händen des Leiters, ein Mann, dem wir am Vorabend zum ersten Mal begegnet waren. Wir mussten seiner Fähigkeit vertrauen, uns zum versprochenen Ziel zu führen.

Die unbefestigte Strasse schlängelte sich an der Seite des Berges hoch. Oben kletterten wir aus dem Bus und genossen eine spektakuläre Aussicht. Während wir um die Spitze des Berges herumgingen, konnten wir das Jordantal sehen, wo Abraham zum ersten Mal ins Land Kanaan kam ... den Wadi Faria, dem er nach Tirza ins Bergland folgte ... und die Stadt Sichem mit ihren Zwillingsgipfeln von Berg Ebal und Berg Garizim, wo er sich niederliess. Anschliessend sagte uns der Führer, wir würden auf Elon Mores stehen, dem ersten Ort im Land, an dem Gott Abraham erschien (1Mo 12,6-7). Das rötliche Erdreich und die weissen Kalksteinfelsen deuteten auf den Reichtum des Landes hin, auch wenn der Boden jetzt grösstenteils mit Dornen und Büschen übersät war. Aber unten im Tal konnten wir Reihen von Fruchtbäumen und Felder mit heranreifendem Weizen sehen, die deutlich machten, wie ertragreich das Land sein konnte, wenn es richtig bestellt und kultiviert wurde.

Ich hatte keine Ahnung, welche Strassen unser Bus nahm oder wo sie hinführten. Aber ich machte mir keine Sorgen, weil unser Leiter einen ausgezeichneten Ruf hatte ... und er wusste, wo es lang ging. Auch Abraham machte sich auf die Reise, bevor er das Ziel kannte. Aber sein Glaube war kein blinder Sprung ins Ungewisse, weil er dem Führer vertraute, der seine Schritte leitete.

Der Glaube vertraut, wenn Gott etwas verheisst

Der Verfasser des Hebräerbriefes nennt ein zweites Beispiel für Abrahams Glauben. Gott forderte Abraham nicht nur auf, ihm ins Unbekannte zu folgen, er sollte auch das Unmögliche glauben. Abraham war 75 Jahre alt, als er und Sarah ihre Reise ins verheissene Land begannen. In einem Alter, in dem sich viele Männer mit Erinnerungen an alte Zeiten zufrieden geben, brach Abraham seine Zelte ab und nach Westen auf.

Doch ein Problem blieb weiterhin bestehen. Gott hatte Abraham nicht nur ein Land verheissen, sondern auch einen Erben. Nicht viele 75-jährige Männer mit einer 65-jährigen Ehefrau machen sich Gedanken, wo sie die nächste Grundschule finden, wenn sie umziehen! Abraham dürfte Probleme gehabt haben mit der scheinbar absurden Verheissung Gottes, denn später sagt er zu Gott: «Siehe, du hast mir keinen Samen gegeben, und siehe, ein Knecht, der in meinem Haus geboren ist, soll mein Erbe sein!» (1Mo 15,3). He, Gott! Es ist schwer zu erkennen, wie ich zu einem «grossen Volk» werden soll, wenn ich nicht einmal eigene Kinder habe.

Gottes Antwort überraschte Abraham. «Dieser [Abrahams Diener] soll nicht dein Erbe sein, sondern der aus deinem Leib hervorgehen wird, der soll dein Erbe sein!» Dann führte Gott Abraham nach draussen und erteilte ihm eine Lektion in Astronomie. «Sieh doch zum Himmel und zähle die Sterne, wenn du sie zählen kannst! Und er sprach zu ihm: So soll dein Same sein!» (1Mo 15,4-5). Decke dich mit Pampers ein, Abraham, schon bald wirst du eine Menge Windeln zu wechseln haben!

Was tun Sie, wenn Gott eine derart sonderbare Ankündigung macht? Wären Sie Abraham, würden Sie diese Ankündigung für wahr halten, weil sie von Gott kommt. «Und Abram glaubte dem HERRN, und das rechnete Er ihm als Gerechtigkeit an» (1Mo 15,6). Abraham glaubte Gottes Verheissung, obschon er Probleme hatte, wirklich zu verstehen, wie das gehen sollte.

Zehn Jahre später hatte Abraham noch immer damit zu kämpfen. Er und Sarah versuchten, «Gott nachzuhelfen», indem Abraham Sarahs ägyptische Magd als Ersatzmutter wählte und mit ihr einen Sohn zeugte (1Mo 16). Ein grosser Fehler! Die daraus resultierenden Reibungen und Kämpfe in der Familie lagen wie ein Schatten über Abrahams Haushalt. Es kam zu Konflikten, die bis zu den heutigen Nachkommen von Isaak und Ismael reichen.

Wenn Abraham bezweifelte, mit 75 Jahren noch Kinder zu bekommen, und im Alter von 86 Jahren «Gott nachhalf», dann stellen Sie sich einmal vor, wie er sich fühlte, als er das hohe Alter von 99 erreichte. Er und Sarah hatten praktisch das Alter überschritten, in dem sie sich Hoffnungen auf Kinder machen konnten. Gott wählte diesen Zeitpunkt, um ihnen zu verkünden, dass Abrahams Familie rechtzeitig zu seinem hundertsten Geburtstag Zuwachs bekommen würde. «Du sollst deine Frau Sarai nicht mehr Sarai nennen, sondern Sarah soll ihr Name sein; denn ich will sie segnen und will dir auch von ihr einen Sohn geben» (1Mo 17,15-16).

Gottes Ankündigung machte Abraham sprachlos. «Sollte einem Hundertjährigen ein Kind geboren werden, und Sarah, die Neunzigjährige, sollte gebären?» (1Mo 17,17). Abraham war verblüfft ... nannte seine Frau aber sofort «Sarah»! Er gehorchte auch dem Beschneidungsgebot Gottes. «Da nahm Abraham ... alles, was männlich war unter seinen Hausgenossen, und er beschnitt das Fleisch ihrer Vorhaut am selben Tag, wie Gott es ihm gesagt hatte» (1Mo 17,23). Abrahams Bereitschaft, den Namen seiner Frau in Sarah zu ändern und jeden in seinem Haushalt zu beschneiden, zeigte, dass er Gottes Verheissung vertraute.

Der Verfasser des Hebräerbriefes betonte Abrahams Vertrauen auf Gottes Verheissungen ... sowie die Ergebnisse. «Durch Glauben empfing er auch mit Sara, obwohl sie unfruchtbar war, Kraft, Nachkommenschaft zu zeugen, und zwar über die geeignete Zeit des Alters hinaus, weil er den für treu erachtete, der die Verheissung gegeben hatte. Deshalb sind auch von einem, und zwar Gestorbenen, so viele geboren worden wie die Sterne des Himmels an Menge und wie der Sand am Ufer des Meeres, der unzählbar ist» (Hebr 11,11-12; Rev. Elberfelder).

Der Glaube ist gehorsam, wenn Gott gebietet

Der Glaube ist unsere Fähigkeit, zu folgen, wenn Gott ruft, und zu vertrauen, wenn Gott etwas verheisst. Aber noch fehlt ein wesentlicher Aspekt. Abrahams grösster Glaubensbeweis war seine Fähigkeit, gehorsam zu sein, als Gott ihm etwas geboten hatte. Abrahams Leben schien ein vorhersagbares Muster anzunehmen. Isaak, das Kind der Verheissung, wurde zu einem jungen Mann. Die Kämpfe mit Ismael waren Vergangenheit. Die Konflikte mit den kanaanitischen Königen waren alle beigelegt. Das Leben war gut! Dann überraschte Gott Abraham. «Nimm doch deinen Sohn, deinen einzigen, den du lieb hast, Isaak, und geh hin in das Land Morija und bringe ihn dort zum Brandopfer dar auf einem der Berge, den ich dir nennen werde!» (1Mo 22,2). Was? Meinen Sohn opfern? Weisst du, was du da verlangst? Abraham dürfte eine schlaflose Nacht verbracht haben, während er über Gottes unfassbaren Auftrag nachdachte. Gott forderte das grösstmögliche Opfer von ihm: seinen einzigen Sohn, einen Sohn, den er durch Gottes Verheissung empfangen hatte, einen Sohn, den er so sehr liebte.

Doch so gross seine Angst, Sorge und sein Schmerz auch waren, Abraham war dem Gebot Gottes gehorsam. «Da stand Abraham am Morgen früh auf und sattelte seinen Esel; und er nahm zwei Knechte mit sich und seinen Sohn Isaak» (1Mo 22,3). Im frühen Dämmerlicht machte sich Abraham auf den Weg zu dem Ort, den Gott als Opferberg auserwählt hatte.

Wie konnte Abraham dem Gebot Gottes ohne Zögern gehorsam sein? Manche würden sagen, er fürchtete den Zorn eines rachsüchtigen Gottes mehr als den Verlust seines Sohnes. Eine solche Sicht unterschätzt aber Gottes Liebe und Abrahams Glauben. Gottes Gebot sollte prüfen, wie sehr Abraham Gott vertraute und ihm gehorsam war. Als Abraham seine Bereitschaft zeigte, Gott gehorsam zu sein trotz der Folgen, hielt Gott ihn davon ab, seinen Sohn zu töten. Stattdessen gab Gott ihm einen Widder als stellvertretendes Opfer. «Abraham ging hin und nahm den Widder und brachte ihn als Brandopfer dar anstelle seines Sohnes» (1Mo 22,13). Obwohl es seit Beginn der Geschichte des gefallenen Menschen Tieropfer gab (1Mo 4,3-5), spricht die Bibel hier zum ersten Mal deutlich davon, dass ein Leben stellvertretend für ein anderes gegeben wurde. Gott gab einen Stellvertreter, sodass Abraham nicht seinen Sohn opfern musste.

> WENN GOTTES GEBOT VERNÜNFTIG ERSCHEINT,
> ES ZU UNSEREN PLÄNEN UND LEBENSZIELEN
> PASST UND UNS LETZTEN ENDES ZUM
> VORTEIL IST, SIND WIR NORMALERWEISE
> BEREIT, IHM GEHORSAM ZU SEIN.

Der Autor des Hebräerbriefes fügt noch einen Aspekt hinzu, der Abrahams Glauben erklärt. «Durch Glauben brachte Abraham den Isaak dar, als er geprüft wurde ... [Abraham] zählte darauf, dass Gott imstande ist, auch aus den Toten aufzuerwecken, weshalb er ihn auch als ein Gleichnis wieder erhielt» (Hebr 11,17.19). Was für ein Glaube! Obwohl Abraham noch nie die Auferstehung eines Toten gesehen, von ihr gehört oder gelesen hatte, kam er zu dem Schluss, dass Gott, der ihm Isaak als den Sohn der Verheissung geben hatte, sein Wort halten würde. Wenn Gott Abraham aufforderte, Isaak zu opfern, müsste Gott Isaak wieder zum Leben erwecken, um seine Verheissungen zu erfüllen. Abraham konnte gehorsam sein, als Gott ihm das Unmögliche auftrug, weil er absolutes Vertrauen hatte, dass Gott bereit und fähig ist, sein Wort zu halten.

Sind Sie bereit, Gott gehorsam zu sein? Wenn Gottes Gebot vernünftig erscheint, es zu unseren Plänen und Lebenszielen passt und uns letzten Endes zum Vorteil ist, sind wir normalerweise bereit, ihm gehorsam zu sein. Doch was ist, wenn der Gehorsam gegenüber Gott unseren Plänen, Hoffnungen und Zielen zuwider läuft? In diesen Situationen können wir nur gehorsam sein, wenn wir der Macht und Güte Gottes völlig vertrauen. Abraham war ein grossartiges Glaubensvorbild, weil er Gott trotz der Umstände vertrauen konnte ... die Augen seines Glaubens sahen über die Umstände hinaus.

Aber erheben Sie Abraham nicht auf ein Podest! Seinen Glauben, so erstaunlich er auch war, können auch wir haben. So wie wir hatte er mit Ängsten, Enttäuschungen und mit Versagen zu kämpfen. Er war gerade erst im «verheissenen Land» angekommen, da zog er in einer Zeit der Hungersnot auch schon weiter (1Mo 12,10). Nachdem er in Ägypten angekommen war, leugnete er, dass Sarah seine Frau war, weil er sich fürchtete, getötet zu werden (1Mo 12,11-20). So wie viele von uns erzählte Abraham einfach eine Halbwahrheit. Er behauptete, Sarah wäre seine «Schwester», doch in Wahrheit war sie nur seine Halbschwester. Sie hatten denselben Vater, aber verschiedene Mütter (1Mo 20,12). Er betonte zwar ihre biologische Abstammung als Geschwister – erwähnte aber nicht, dass sie auch seine Ehefrau war! Abraham versuchte, Gottes Willen durch eigene Anstrengungen zu erreichen – und er verursachte eine lange anhaltende Familienfehde (1Mo 16,15; 21,8-21). Inmitten seiner familiären Auseinandersetzungen leugnete er ein zweites Mal, dass Sarah seine Frau war (1Mo 20,2-18)! Abraham hatte Probleme in seinem Leben mit Gott – so wie Sie und ich.

Was also unterschied Abraham von anderen? Letzten Endes war es sein Glaube an Gott. Obgleich er oft versagte, wusste er dennoch, dass er Gott vertrauen konnte. Dieses Vertrauen erlaubte es Abraham, zu folgen, als Gott ihn in ein neues Land rief. Nur so konnte Abraham Gottes Verheissungen glauben, als sie den allgemeinen Erfahrungen zu widersprechen schienen. Und sein Glaube liess ihn gehorsam sein, als Gott ihn aufforderte, das aufzugeben, was ihm am wertvollsten war.

DAS OPFER DES VATERS

Heute gibt es viele Tests, um den IQ (Intelligenzquotient) eines Menschen zu bestimmen. Aber haben Sie schon mal Ihren GQ (Glaubensquotient) getestet? Wie sehr vertrauen Sie Gott? Die grösstmögliche Prüfung von Abrahams Glauben war seine Bereitschaft, seinen einzigen Sohn aufzugeben. Obwohl Gottes Auftrag seltsam (und vielleicht sogar hart) erschien, forderte er Abraham nicht zu mehr auf, als Gott selbst zuvor schon entschieden hatte. Bevor er von Abraham verlangte, sich von seinem Sohn zu trennen, hatte Gott beschlossen, seinen Sohn Jesus Christus zu opfern. «Denn so sehr hat Gott die Welt geliebt, dass er seinen eingeborenen Sohn gab, damit jeder, der an ihn glaubt, nicht verloren geht, sondern ewiges Leben hat» (Joh 3,16).

Der erste – und wichtigste – Glaubensschritt, den ein Mensch machen kann, ist, sein ewiges Schicksal vertrauensvoll in die Hände Jesu Christi zu legen. Die Bibel lehrt, dass «alle gesündigt haben und die Herrlichkeit verfehlen, die sie vor Gott haben sollten» (Röm 3,23). Jeder hat gegen Gottes vollkommene Massstäbe für gerechtes Denken und Handeln verstossen. Die Bibel sagt auch: «Der Lohn der Sünde ist der Tod» (Röm 6,23). In seiner vollkommenen Gerechtigkeit und Heiligkeit muss Gott alle aus dem Himmel ausschliessen, die den absoluten Massstäben von Vollkommenheit nicht entsprechen. Jeder, der nicht vollständig frei ist von Sünde, empfängt den Tod ... den körperlichen Tod in diesem Leben und in der Ewigkeit die ewige Trennung von Gott im Feuersee.

Gottes Gerechtigkeit verlangt die Bestrafung von Sünde ... aber Gottes Liebe möchte uns Vergebung, Frieden und ewiges Leben schenken. Als Lösung dieses Problems sandte er seinen vollkommenen Sohn auf die Erde, um an unserer Stelle zu sterben. Als Jesus am Kreuz hing, empfing er die Strafe für Sünde, die wir verdient hatten. «Doch er wurde um unserer Übertretungen willen durchbohrt, wegen unserer Missetaten zerschlagen; die Strafe lag auf ihm, damit wir Frieden hätten, und durch seine Wunden sind wir geheilt worden. Wir alle gingen in die Irre wie Schafe, jeder wandte sich auf seinen Weg; aber der HERR warf unser aller Schuld auf ihn» (Jes 53,5-6). War Gottes Plan erfolgreich? Ja! Die Auferstehung Jesu aus den Toten war der Beweis, dass sein Opfer ausreichte, um unsere Sünden zu sühnen. «Ist aber Christus nicht auferweckt worden, so ist euer Glaube nichtig, so seid ihr noch in euren Sünden; ... Nun aber ist Christus aus den Toten auferweckt» (1Kor 15,17.20). Als Jesus am ersten Ostermorgen aus dem Grab kam, nahm er dem Tod seine Kontrolle über die Menschheit und demonstrierte seinen Sieg über Sünde und Tod.

Glauben Sie, dass Sie gegen Gott gesündigt haben? Glauben Sie, dass Jesus Christus der Sohn Gottes ist und am Kreuz starb, um die Strafe für Ihre Sünden zu tragen? Glauben Sie, dass er aus den Toten auferstanden ist? Wenn Sie das glauben, sind Sie dann bereit, seine Sühnung Ihrer Sünden anzunehmen und ihm hinsichtlich Ihres ewigen Schicksals zu vertrauen? Damit beginnt Ihre Glaubensreise. Gott erwartet von Ihnen nicht grosse Taten, Opfer oder Leiden, um ewiges Leben zu bekommen. Jesus allein hat dies getan. Sie müssen nur glauben, dass sein Werk ausreicht ... und Ihr Leben in seine Hände geben. Wenn Sie das noch nicht getan haben, wäre ein Gebet wie das folgende möglicherweise genau richtig für Sie:

Gott, ich weiss, ich habe unrechte Dinge getan und reiche an deine vollkommenen Wege nicht heran. Ich weiss und glaube auch, dass du deinen Sohn Jesus Christus auf die Erde gesandt hast, um am Kreuz zu sterben und die Strafe für meine Sünde zu tragen. Ich möchte Jesus Christus jetzt als dem stellvertretenden Opfer für meine Sünde vertrauen. Bitte vergib mir und schenke mir ewiges Leben. Im Namen Christi bitte ich dies. Amen.

Wenn Sie dieses Gebet aufrichtig gesprochen haben, gratuliere ich Ihnen! Sie gehören nun zur Familie Gottes. Wie können Sie sich sicher sein? Weil Gottes Wort es sagt. «Und darin besteht das Zeugnis, dass Gott uns ewiges Leben gegeben hat, und dieses Leben ist in seinem Sohn. Wer den Sohn hat, der hat das Leben; wer den Sohn Gottes nicht hat, der hat das Leben nicht. Dies habe ich euch geschrieben, die ihr glaubt an den Namen des Sohnes Gottes, damit ihr wisst, dass ihr ewiges Leben habt» (1Jo 5,11-13).

Was kommt als Nächstes, nachdem Sie Jesus Christus als Ihrem persönlichen Erlöser geglaubt haben? Nachdem wir Christus unser ewiges Schicksal anvertraut haben, müssen wir nun lernen, ihm hinsichtlich unserer täglichen Bedürfnisse zu vertrauen. Abraham kann uns als Vorbild dienen. In seinem Glaubensleben folgte er den Anweisungen Gottes, glaubte seinen Worten und gehorchte seinen Geboten. Das können Sie auch.

NACHDENKEN UND ANWENDEN

Der Glaube ist mehr als eine intellektuelle Zustimmung, mehr, als nur ein paar Fakten zu glauben. Er ist ein aktives Vertrauen in Gott und sein Wort.

1. Vertrauen Sie Christus hinsichtlich Ihres ewigen Schicksals und seinem stellvertretenden Tod? Sollten Sie diese Entscheidung erst kürzlich getroffen haben, dann suchen Sie sich eine Gemeinde, die an die Bibel glaubt und sie lehrt ... und sagen Sie dem Pastor, was Sie getan haben.

2. In welchen Bereichen haben Sie die grössten Schwierigkeiten, Gott zu vertrauen?

3. Schreiben Sie auf, wie Gott ganz konkret in Ihrem Leben gewirkt hat. Führen Sie Ihre Aufzeichnungen bei sich und lesen Sie sie, wenn Sie mit Zweifeln zu kämpfen haben. Sich an das zu erinnern, was er in der Vergangenheit für Sie getan hat, hilft Ihnen, ihm im Hinblick auf die Zukunft zu vertrauen.

4. Lernen Sie Hebräer 11,1 auswendig und bitten Sie Gott, Ihnen zu helfen, im Glauben stärker zu werden.

«Ohne Glauben aber ist es unmöglich, ihm wohlzugefallen; denn wer zu Gott kommt, muss glauben, dass er ist und dass er die belohnen wird, welche ihn suchen.» (Hebr 11,6)

DER HERR FRAGT NICHT NACH DEINEN FÄHIG-
KEITEN, SONDERN NACH DEINER BEREITSCHAFT;
UND WENN DU DICH ALS VERLÄSSLICH ERWEIST,
WIRD DER HERR DEINE FÄHIGKEITEN AUSBAUEN.

– Unbekannt

6. KANN SICH GOTT AUF MICH VERLASSEN? – Treue

ES LÄUFT WEITER UND WEITER UND ...

Zuverlässigkeit wirbt für sich. Vor vier Jahrzehnten verkaufte Timex seine Uhren live im Fernsehen, indem es die Zuverlässigkeit seiner Produkte in den Mittelpunkt stellte. Der Ansager tat irgendetwas Haarsträubendes. So befestigte er zum Beispiel eine Armbanduhr an der Schraube eines Aussenbordmotors und startete ihn anschliessend in einem Wasserbecken. Danach stoppte er den Motor wieder, nahm die Uhr ab und hielt sie in die Kamera. Während die Zuschauer sahen, wie sich der Sekundenzeiger über das Zifferblatt bewegte, gab der Ansager die Pointe zum Besten: «Timex! Hält alles aus und hört nicht auf zu laufen!» In den unvorhersehbaren Tagen des frühen Fernsehens sprach dieser Werbegag Bände über das Vertrauen, das die Firma in die Zuverlässigkeit ihrer Uhren hatte. «Kaufen Sie mich», sprang es einem aus der Werbung entgegen. «Ich werde Sie nicht im Stich lassen.»

Zuverlässigkeit wirbt auch heute noch für sich. Der einsame Handwerker von Maytag mit seinem sauberen Arbeitsanzug und seinem traurigen Gesichtsausdruck verstärkt die Botschaft, dass Maytag-Produkte von «zuverlässigen Leuten» hergestellt werden. Ein Gerät von Maytag lässt Sie nicht im Stich!

Aber der Liebling der Zuverlässigkeit in der heutigen Werbung ist wohl das allgegenwärtige Häschen von Duracell. Es läuft weiter und weiter und ... lässt sogar Marathonläufer hinter sich und überdauert einfach jeden von Darth Vader bis zum Weihnachtsmann. Mit jedem Trommelschlag erinnert dieser flauschige rosarote Hase die Zuschauer daran, dass seine Batterien länger halten. Ihre Batterien von Duracell lassen Sie nicht im Stich!

Wäre das Leben nur wie in der Werbung!

DAS AUTO AUS DER «STOTTERSTADT»

Ich kann mich noch sehr gut an das erste «neue» Auto erinnern, das meine Frau Kathy und ich uns kauften. Eigentlich war es nicht wirklich neu. Es war ein Vorführwagen, aber der Kilometerzähler zeigte weniger als 12.000 Meilen an, als wir es kauften. Es sah prächtig aus! Bevor wir uns das Auto anschafften, sahen wir die Werbung im Fernsehen, die einige innovative Besonderheiten und die solide Verarbeitung hervorhob. Ich verrate Ihnen jetzt nicht den Namen des Herstellers ... aber ich möchte Ihnen doch von «dem Auto aus der Stotterstadt» erzählen!

Die ersten Zweifel an dem Auto kamen bei mir auf, als Motorhaube, Kofferraum und das Dach einen etwas helleren Rotton annahmen als Türen und Kotflügel. Der Wagen entwickelte das Gegenstück zu «männlichem Haarausfall.» Aber die wirkliche Krise begann während der Hauptverkehrszeit in Harrisburg, Pennsylvania, mitten in einem Schneesturm.

Ich war wegen einer Beerdigung nach Pennsylvania gefahren. Auf dem Heimweg hielt das Auto mitten in der Innenstadt von Harrisburg an. Schluss! Aus! Es streikte! Mit Schnee vermischter Eisregen prasselte in mein Gesicht, als ich es von der Strasse schob und unter die Motorhaube schaute. Alles sah gut aus, und ich stieg zurück in den Wagen, liess die Haube offen und wartete auf einen Polizeibeamten, der mir helfen könnte. Aus Frustration drehte ich den Schlüssel ein letztes Mal um. Der Motor sprang an, als wäre alles in bester Ordnung! Und so begannen die Probleme.

Innerhalb des nächsten Jahres entwickelte der Wagen ein Eigenleben. Tag oder Nacht. Regen oder Sonnenschein. Sommer oder Winter. Hitze oder Kälte. Highway oder Landstrasse. Nach keinem vorhersehbaren Muster und aus unerklärlichen Gründen hörte das Auto einfach auf zu laufen.

Ich weiss, was Sie jetzt denken. «Warum haben Sie das Auto nicht einfach zum Händler gebracht und es reparieren lassen?»

Das haben wir. Viele Male. Sie tauschten das Computermodul aus ... zweimal! Der Wagen wurde wegen eines Motorteils zurückgerufen, und es wurde ersetzt. Kein Unterschied. Ein Problem bestand darin, dass das Auto in der Werkstatt nie Theater machte. Einmal sind wir zu einem Geschäft gefahren, als der Wagen zu stottern begann. Wir waren nur wenige Kilometer vom Händler entfernt, drehten schnell um und fuhren zu ihm hin. Dieses Mal *mussten* sie das Problem finden. Doch je näher wir kamen, umso weniger stotterte das Auto. Als wir die Kfz-Werkstatt schon sehen konnten, verschwand auch die letzte Spur und der Wagen schnurrte wieder problemlos. Unfassbar!

Schliesslich hielt ich es nicht mehr aus. Ich bin kein ausgebildeter Mechaniker (in der heutigen, politisch korrekten Gesellschaft würde man mich wohl als mechanisch untalentiert bezeichnen), aber sogar ich erkannte, dass es ein elektrisches Problem war. Die Lösung? Tausche jedes mögliche elektrische Teil aus. Kistenweise bewaffnet mit Ersatzteilen ging ich das Problem an. In zwei Kartons fand ich eine kleine Notiz, die sagte, dass ein neues Teil nicht unbedingt wie das Original aussieht, da es modifiziert wurde, um ein potenzielles Problem zu beheben. Aha!

Nach den vielen Fahrten zum Händler, hunderten von Dollar Reparaturkosten an «Experten» und zahllosen Stunden, in denen ich neben der Strasse hockte und darauf wartete, dass das Auto wieder anspringt, konnte ich das Problem schliesslich lösen. Zwei defekte Teile führten dazu, dass sich Feuchtigkeit ansammelte und der Stromkreis vorübergehend unterbrochen wurde. Ein paar Monate später haben wir den Wagen verkauft und uns nie wieder ein Auto von diesem Hersteller angeschafft.

Zuverlässigkeit ist wichtig.

WIE WICHTIG IST TREUE?

Wir schätzen Treue und Zuverlässigkeit als Ideale, aber leider erwarten wir nicht wirklich, sie auch vorzufinden. Fakt ist, wir werden oft überrascht, wenn wir es tun. In der Vergangenheit versuchten Firmen unter ihren Kunden eine «Markentreue» zu etablieren ... eine Loyalität, die von Generation zu Generation weitergegeben wird. «Mein Vater fuhr einen Plymouth. Ich fahre einen Plymouth. Und mein Sohn wird auch einmal einen Plymouth fahren.» Aber Markentreue ist denselben Weg gegangen wie Nash, Hudson, Henry J, Studebaker, Oldsmobile ... und jetzt Pontiac. Heute wechseln wir Marken fast so oft wie unser Hemd.

Warum? Einige Gründe haben mit Zuverlässigkeit zu tun – wenn es nicht mehr verlässlich ist, warum sollten wir uns dann damit abmühen?

Markentreue ist eine wechselseitige Angelegenheit. Viele Hersteller sparen Kosten und machen ihre Produkte günstiger. Gleichzeitig blähen sie die Werbeversprechen für ihre Produkte auf, die niemals die Erwartungen erfüllen können, die sie wecken. Nachdem Kunden Zehntausende von Dollar für «Präzisionsfahrzeuge» ausgegeben haben, müssen sie unzählige Stunden beim Händler warten, während im Zuge von Rückrufaktionen Ersatzteile in ihre Autos eingebaut werden. Es ist schwer, einer bestimmten Marke oder Firma treu zu bleiben, wenn man das Gefühl hat, übers Ohr gehauen worden zu sein.

Fehlende Markentreue könnte ein Zeichen gesunden Wettbewerbs und freier Marktwirtschaft sein, aber dieselbe Einstellung hat auch in unsere Häuser und Familien Einzug gehalten. Und dort verursacht sie Not, Wut und Schmerzen. «Bis dass der Tod uns scheidet» haben wir durch Eheverträge ersetzt, und wir runzeln kaum die Stirn, wenn wir hören, dass jemand eine Affäre hat. Heute ist Scheidung keine grosse Sache mehr. Unvereinbarkeit. Unüberbrückbare Differenzen. Einvernehmliche Scheidung. Für manche ist die Ehe keine grössere Verpflichtung als das Einhalten einer Verabredung oder der Kauf eines Welpen. Man hofft, dass es gut geht, doch wenn nicht ...

VIELE FÜHREN EIN TREUES LEBEN IM HINTERGRUND
... IHRE ZUVERLÄSSIGKEIT WIRD FÜR SELBSTVERSTÄNDLICH GEHALTEN. ANDERE HABEN IHRE TREUE IM FOKUS DER ÖFFENTLICHKEIT BEWIESEN.

Der Gemeinde ergeht es wenig besser als dem Zuhause. Gott hat die örtliche Gemeinde als Versammlung der Treuen beabsichtigt. Die Mitglieder einer Ortsgemeinde sollen ihrer Umgebung Gottes Licht zeigen. Aber heute suchen sich viele Christen ihre Gemeinde aus wie Autos. Welche ist am modischsten? Am grössten? Die mit den meisten Aktivitäten? Am einflussreichsten? Die Leute machen eine «Probefahrt» mit dem Gottesdienst und schauen, welche «Optionen» die Gemeinde sonst noch zu bieten hat. Sie suchen eine Gemeinde mehr danach aus, wo ihre Bedürfnisse gestillt werden – auch wenn das nicht unbedingt etwas Schlechtes ist – und weniger danach, wo sie anbeten und anderen dienen können. Gemeinden müssen sich «vermarkten», um potenzielle «Kunden» anzuwerben und zu halten. Aber Gemeinden, die stets darauf abzielen, was die «Kunden» hören *wollen*, können es sich selten leisten, diesen Leuten die Botschaft zu vermitteln, die sie so dringend hören *müssen*.

Treue. Zuverlässigkeit. Vertrauenswürdigkeit. Jeder schätzt diese Eigenschaften, aber nur wenige praktizieren sie auch permanent in ihrem Leben. Dennoch gibt es Vorbilder für Treue. Viele führen ein treues Leben im Hintergrund ... ihre Zuverlässigkeit wird für selbstverständlich gehalten. Andere haben ihre Treue im Fokus der Öffentlichkeit bewiesen. Billy Graham gehörte zum Beispiel schon immer zu meinen persönlichen Helden. In seinem lebenslangen

Dienst findet sich kein Hinweis auf finanzielle oder sexuelle Verfehlungen.

Ein anderer Held von mir ist Chuck Swindoll. Ein begabter Redner. Ein talentierter Autor. Lebenslustig. Eine Harley fahrende Führungsperson. Aber mehr als all das ist er ein Mann der Treue. Treu gegenüber Gott. Treu gegenüber Cynthia und seinen Kindern. Treu den Diensten, die er leitet. Treu gegenüber den Menschen, die mit ihm zusammen im Dienst stehen. Und dieses Privileg hatte ich am Dallas Theological Seminary.

In den Jahren, in denen ich mit Chuck diente, musste ich einmal wegen eines familiären Notfalls zurück nach Pennsylvania fliegen. Mein Dad musste sich einer Bypassoperation unterziehen. Ich weiss, diese Art von Operation ist nichts Ungewöhnliches. Sie wird schon fast als Routine angesehen. Das stimmt zwar alles, aber wenn es *Ihr* Vater ist, der auf einer Rollbahre in den OP gefahren wird, ist das was ganz anderes.

Während der Operation stand ich meiner Mutter bei. Die Stunden zogen sich dahin und wir warteten darauf, dass uns der Arzt über den Operationsverlauf informieren würde. Auch nachdem mein Dad den Operationssaal verlassen hatte, warteten wir in den folgenden Tagen auf die wenigen kostbaren Momente, in denen wir ihn auf der Station besuchen durften.

Bei einem Besuch nahm mich die Krankenschwester beiseite und sagte mir, mein Arzt aus Dallas habe angerufen, um sich nach seinen Fortschritten zu erkundigen. Mein Arzt aus Dallas? «Ja», sagte sie, «Dr. Swindoll!» Was für ein Kerl!

Dad ging es wieder gut, und ich flog zurück nach Dallas. Auf meinem Schreibtisch lag eine handgeschriebene Notiz von Chuck, auf der auszugsweise stand: «In den letzten Tagen warst du auf einer langen und einsamen Reise. Ich kann es dir nachfühlen. Ich habe sie auch mit meinem Dad durchgestanden. Viele, viele Male habe ich an dich gedacht. Jedes Mal habe ich ein Gebet nach oben geschickt. ... Erleichterung ist ein grossartiges Gefühl! Mit einem

Lächeln, das sagt: ‚Willkommen zurück.'» Diese Zeilen waren mir sehr wichtig, und ich habe Chucks Treue sehr zu schätzen gewusst. Wie also können wir treuer werden? Welche Hilfen bietet uns die Bibel, um an der Treue in unserem Leben zu arbeiten? Zwei erfahrene Militärveteranen, Josua und Kaleb, können uns darauf einige Antworten geben.

Zusammen mit Mose

Treue beginnt im Kleinen. Josua betrat die biblische Bühne, als er eine Gruppe von Kriegern gegen angreifende Nomaden anführte. Diese Nomaden, die Amalekiter, griffen die Israeliten in der Wüste an. Sie mussten aufgehalten werden, und Mose übertrug Josua die Verantwortung für das Kommando.

Obschon der Bericht über den Kampf nur neun Verse lang ist (2Mo 17,8-16), macht die Bibel zwei wichtige Beobachtungen über Josua. Erstens führte er Moses Anweisungen treu aus. «Und Josua machte es so, *wie Mose ihm sagte*, und er kämpfte gegen Amalek» (Hervorhebung durch den Autor). Warum wurde dieses Detail aufgenommen? Vielleicht, um Josua vom Rest des Volkes abzuheben. Nur ein paar Verse zuvor «stritt das Volk mit Mose» und «sie murrten gegen Mose» (2Mo 17,2-3). Zweitens führte Josua den Auftrag vollständig aus. «Und Josua überwältigte Amalek und sein Volk mit der Schärfe des Schwertes» (17,13). Die Kinder Israel beklagten sich, Josua siegte.

In Josua hatte Mose jemanden gefunden, bei dem er damit rechnen konnte, dass er Anweisungen befolgt und seine Arbeit bis zu Ende erledigt. Der Kampf war in nur einem einzigen Tag vorbei – die ganze Begegnung ist nicht mehr als eine kurze Fussnote der Ereignisse, die in den vierzig Jahren in der Wüste stattfanden. Aber Josuas Treue an diesem einen Tag veränderte sein Leben für immer. Als er das nächste Mal in der Bibel auftaucht, ist Josua schon befördert worden. «Da machte sich Mose auf samt seinem Diener Josua» (2Mo 24,13). Mose machte Josua zu seinem Assistenten. Als Mose auf den Berg Sinai ging, um Gott zu begegnen, war Josua an seiner

Seite. Welch eine Beförderung! Wofür sind Sie heute verantwortlich? Wie treu sind Sie gewesen? Keine Arbeit sollte zu klein oder unbedeutend sein. «Dient mit gutem Willen dem Herrn und nicht den Menschen, da ihr wisst: Was ein jeder Gutes tun wird, das wird er von dem Herrn empfangen» (Eph 6,7-8).

Die erste Mission des Mossad

Der Mossad ist der heutige israelische Geheimdienst – Israels Version der amerikanischen CIA. Diese Gruppe von Superdetektiven hat Nazis und politische Terroristen aufgespürt. Sie hat einige der gefährlichsten und riskantesten Geheimoperationen in der Geschichte durchgeführt ... und uns ist nur ein Bruchteil ihrer Aktionen bekannt!

Selbst der heutige Mossad wäre stolz auf die erste Spionagemission seiner Nation, die über 3.400 Jahre vor der Existenz des modernen Staates Israel durchgeführt wurde. Die Kinder Israel standen an der Schwelle des Landes, das Gott ihnen verheissen hatte. Aber diese neue Nation wusste nicht viel über das Land, das sie in Besitz nehmen sollten. Mose wählte zwölf Kundschafter aus, um das neue Land zu erforschen, und er gab ihnen genaue Instruktionen (4Mo 13):

- «Seht euch das Land an, wie es beschaffen ist, und das Volk, das darin wohnt, ob es stark oder schwach, gering oder zahlreich ist.»
  (Überprüft den Gegner.)
- «Was es für ein Land ist, in dem sie wohnen, ob es gut oder schlecht ist.»
  (Überprüft das Terrain.)
- «Was für Städte es sind, in denen sie wohnen, ob sie in offenen Siedlungen oder in befestigten Städten wohnen.»
  (Überprüft die Verteidigungsanlagen.)
- «Was es für ein Land ist, ob es fett oder mager ist.»
  (Überprüft das Potenzial des Bodens.)

- «Und ob es Bäume darin gibt oder nicht.»
  (Überprüft den Ertrag des Landes.)

Und wen wählte Mose für diese Elitegruppe von Spionen aus? «Hosea, der Sohn Nuns, für den Stamm Ephraim» (4Mo 13,8). Was? Wer ist «Hosea»? Ich dachte, wir würden hier über Josua reden? Nur Geduld! Ein paar Verse später erklärt Mose, wer das ist. «Aber Hosea, dem Sohn Nuns, gab Mose den Namen Josua» (4Mo 13,16). Josuas ursprünglicher Name war offensichtlich Hosea («Rettung»). Mose änderte ihn (möglicherweise nach dem Sieg über die Amalekiter) in Josua um («der Herr rettet»). Die Bibel nennt die Namen von allen zwölf Kundschaftern, aber nur einer wird auf diese Weise herausgegriffen. Josua ist der Kundschafter mit dem neuen Namen ... ein Name, der die Aufmerksamkeit auf den Herrn richtet.

Die Kundschafter kamen mit ihrem Bericht zurück. Alle waren sich einig, dass das Land fruchtbar und ertragreich war. «Es fliesst wirklich Milch und Honig darin» (4Mo 13,27). Aber die Bewohner des Landes schätzten sie unterschiedlich ein. Zehn von ihnen gaben mehrheitlich eine negative Beurteilung ab.

- «Aber das Volk, das im Land wohnt, ist stark.»
  (Sie sind zu stark.)
- «Die Städte sind sehr fest und gross.»
  (Sie sind zu gut befestigt.)
- «Und wir sahen auch Söhne Enaks [d.h., Riesen] dort.»
  (Sie sind zu gross.)

Den Sklaven, die durch die Wüste wanderten, mussten Mauern aus Stein und Ziegeln nahezu unüberwindbar vorgekommen sein. Das ägyptische Heer hatte Erfahrung im Angriff auf befestigte Städte, aber diesen einfachen Bauern schien die Aufgabe hoffnungslos. Und auf die meisten dieser Kundschafter wirkten die Einheimischen physisch stärker und kräftiger.

Zwei Kundschafter – Josua und Kaleb – blieben standhaft und forderten die Mehrheit heraus. Sie sahen keine Hindernisse, sondern nur Gelegenheiten. Kaleb redete als erster: «Lasst uns doch hinaufziehen und das Land einnehmen, denn wir werden es gewiss bezwingen!» (4Mo 13,30). Als das Volk nicht hören wollte, betonten Josua und Kaleb gemeinsam, dass man sich gegen eine grossartige Gelegenheit entscheiden würde. «Das Land, das wir durchzogen haben, um es auszukundschaften, ist ein sehr, sehr gutes Land!» (4Mo 14,7). Wie war es möglich, dass diese beiden das Land und seine Bewohner so anders sahen als die anderen zehn Kundschafter? Josua und Kalb konnten alle erdenklichen Probleme aus Gottes Perspektive sehen.

Problem 1: Dieses «gute Land» wird von starken Völkern bewohnt, von denen einige Riesen sind.

Antwort: «Fürchtet euch nicht vor dem Volk dieses Landes; denn wir werden sie verschlingen» (4Mo 14,9). Ich liebe die poetische Sprache an dieser Stelle: «Wie Brot.»

Problem 2: Diese starken Völker leben in grossen und befestigten Städten.

Antwort: «Ihr Schutz ist von ihnen gewichen, mit uns aber ist der HERR» (4Mo 14,9).

Josua und Kaleb gingen nicht mit einer rosaroten Brille durch Kanaan. Sie sahen dieselben Probleme, aber sie betrachteten sie durch Gottes Augen. Riesen sind keine Bedrohung, wenn Gott auf unserer Seite ist. Hohe Mauern und massive Tore sind kein Hindernis, wenn Gott ihren Schutz wegnimmt. Die wahre Bedrohung für Israel waren nicht die Völker Kanaans oder ihre Verteidigungsanlagen. Die grösste Gefahr bestand in der Versuchung, Gott zu verlassen. Josua und Kaleb begannen und beendeten 4. Mose 14,9 mit einer Warnung. «Seid nur nicht widerspenstig gegen den HERRN ... fürchtet euch nicht vor ihnen [den Kanaanitern]!»

Das Ergebnis der Abstimmung war unmissverständlich. Als die 603.550 Männer im Kampfesalter entschieden, welchem Bericht sie glauben sollten, mussten Josua und Kaleb eine erdrutschähnliche Niederlage hinnehmen – 603.548 stimmten für den Bericht der Mehrheit! «Da sagte die ganze Gemeinde, dass man sie steinigen solle» (4Mo 14,10). Josua und Kaleb fanden keinerlei Unterstützung im Volk. Sozialer Druck ist etwas, das wir alle schon einmal zu spüren bekommen haben. Wir alle wissen, wie schwer es ist, sich von der Menge abzuheben. Stellen Sie sich den Druck vor, der auf Josua und Kaleb lastete! Niemand aus ihren Stämmen ... oder Clans ... oder Familien stand ihnen zur Seite. Wie konnten sie das nur aushalten?

KALEBS FESTE ENTSCHLOSSENHEIT

«Kaleb» bedeutet im Hebräischen «Hund», und er hatte die Hartnäckigkeit einer Bulldogge. Wir erfahren sein Geheimnis für Treue, als er nach der 40-jährigen Wüstenwanderung zu Josua ging und um sein Erbe im Land bat. Was liess Kaleb treu sein? Überzeugung, Hingabe und Vertrauen.

Überzeugung

Kaleb konnte zusammen mit Josua standhaft bleiben, weil Mose um eine wahrheitsgetreue Beurteilung gebeten hatte. «Und ich gab ihm Bericht nach meinem Gewissen» (Jos 14,7; Luther 1912). Er konnte alleine standhaft bleiben, weil er wusste, wofür er stand. Er war zutiefst und dauerhaft überzeugt, dass das, was er wusste, wahr war, und er war bereit, für das Richtige einzustehen.

Hingabe

Zu wissen, dass das, was man glaubt, wahr ist, ist eine Sache. Gewillt zu sein, für diese Überzeugung einzustehen, eine andere. Kaleb musste erleben, wie sich die mehrheitliche Meinung gegen seine Überzeugungen wandte. Die Menge glaubte seinen Argumenten nicht. War das nicht der Augenblick für Kompromisse ... Nachgeben ... Umdenken? Nicht für Kaleb! «Ich aber folgte dem HERRN, meinem Gott, ganz nach» (Jos 14,8). Wenn Gott grösser war als die Riesen im Land, dann war er auch grösser als die ungläubigen Israeliten in der Wüste. Kaleb legte sein Schicksal ganz in Gottes Hände.

Vertrauen

Treue ist ein Nebenprodukt des Glaubens (s. das vorangegangene Kapitel). Ich kann Gott treu sein, wenn ich absolut sicher bin, dass er das, was er verheissen hat, auch tun wird. Kaleb war treu, weil er Gott völlig vertraute ... und dieses Vertrauen beruhte auf seiner Erfahrung. Gott hatte Josua und Kaleb verheissen, sie in der Wüste am Leben zu lassen und sie ins verheissene Land zu bringen. Nach einer 40-jährigen Wüstenwanderung folgten fünf Jahre des Krieges, in denen Israel das Land eroberte. Und was war aus Gottes Verheissung geworden? «Und nun, siehe, der HERR hat mich leben lassen, wie er es mir zugesagt hatte. Und es sind nunmehr 45 Jahre, seit der HERR dies zu Mose sagte ... Und nun siehe, ich bin heute 85 Jahre alt, und ich bin noch heute so stark, wie ich war an dem Tag, als mich Mose aussandte; wie meine Kraft damals war, so ist sie auch jetzt, zu kämpfen und aus- und einzuziehen» (Jos 14,10-11).

JOSUA WAR BEREIT, DIE PHYSISCHEN
RIESEN IM LAND ZU BESIEGEN,
ABER WIE KONNTE ER HOFFEN, EINEN
GEISTLICHEN RIESEN WIE MOSE ZU ERSETZEN?

Kalebs Vertrauen basierte darauf, dass er das Wirken Gottes gesehen hatte. Dem Gott, der ihm in der Vergangenheit geholfen hatte, konnte er auch die Zukunft anvertrauen. Er war so zuversichtlich, dass er mit einer mutigen Bitte zu Josua ging. «Und nun, so gib mir dieses Bergland, von dem der HERR geredet hat an jenem Tag; denn du hast an jenem Tag gehört, dass die Enakiter darauf wohnen und dass es grosse und feste Städte hat; vielleicht wird der HERR mit mir sein, dass ich sie vertreibe, so wie der HERR geredet hat!» (Jos 14,12). Mit 85 Jahren war Kaleb noch nicht bereit, sich zur Ruhe zu setzen. Er hatte noch etwas vor. Und er wollte es sich nicht leicht machen. Er wollte die Berge mit den grössten Riesen und den stärksten Städten! Gott hatte sich nicht verändert, und Kaleb war sich des Ausgangs so sicher, wie er es 45 Jahre zuvor gewesen war!

KOMMANDANT UND FÜHRER

Wenn wir uns einen Augenblick Josua zuwenden, sehen wir, wie er vor der grössten Herausforderung seines Lebens stand. Vierzig Jahre lang diente Josua als zweiter Befehlshaber nach Mose. Toller Kerl – grosser Kommandant – fantastischer Assistent! Aber konnte er Mose ersetzen? Ich bin mir sicher, dass in Israel einige ihre Zweifel hatten. Er ist schwer, auf eine Legende wie Mose zu folgen, der das Volk so lange und stark geführt hatte. Das fünfte Buch Mose endet mit einem passenden Nachwort, das den Kern der Führerschaft Moses einfängt. «Es stand aber in Israel kein Prophet mehr auf wie Mose ... in all den gewaltigen Handlungen und all den grossen und furchtgebietenden Taten, die Mose vollbrachte vor den Augen von ganz Israel» (5Mo 34,10.12). Josua war bereit, die physischen Riesen im Land zu besiegen, aber wie konnte er hoffen, einen geistlichen Riesen wie Mose zu ersetzen?

Gott gab Josua die Antwort. Drei Mal forderte er Josua auf: «Sei stark und mutig!» (Jos 1,6.7.9). Wie Kaleb musste auch Josua Überzeugung, Hingabe und Vertrauen entwickeln. Jeder Aspekt war für Josuas Treue ebenso entscheidend wie für Kalebs.

Überzeugung

Josua musste überzeugt sein, dass Gott ihn zum Führer Israels erwählt hatte. Obwohl er nicht die einzigartige Persönlichkeit eines Mose besass, musste er erkennen, dass Gott ihm die nötigen Führungseigenschaften geben würde: «Josua aber, der Sohn Nuns, war mit dem Geist der Weisheit erfüllt, denn Mose hatte seine Hände auf ihn gelegt» (5Mo 34,9). Geistliche Führung hängt nicht von unserer natürlichen Fähigkeit ab, sondern davon, dass Gott uns dazu befähigt. Israel brauchte Mose in der Wüste, aber Josua brauchten die Israeliten zur Eroberung des Landes. Gott wollte Josua davon überzeugen, deshalb sagte er: «Sei stark und mutig! Denn du sollst diesem Volk das Land als Erbe austeilen» (Jos 1,6). Gott hatte Josua auserwählt.

Hingabe

Überzeugung allein war nicht genug, um Treue zu garantieren. Zur Überzeugung musste persönliche Hingabe kommen. Gott erinnerte Josua daran, dass er sein Wort kennen und ihm gehorsam sein musste. Gott machte Josuas Erfolg als Führer von seiner Hingabe an das Wort Gottes abhängig. «Sei du nur stark und sehr mutig, und achte darauf, dass du nach dem ganzen Gesetz handelst, das dir mein Knecht Mose befohlen hat. *Weiche nicht davon ab, weder zur Rechten noch zur Linken*, damit du weise handelst überall, wo du hingehst! Lass dieses Buch des Gesetzes nicht von deinem Mund weichen, sondern forsche darin Tag und Nacht, damit du darauf achtest, alles zu befolgen, was darin geschrieben steht; denn dann wirst du Gelingen haben auf deinen Wegen, und dann wirst du weise handeln!» (Jos 1,7-8; Hervorhebung durch den Autor).

Josua mag sich als Führer unzulänglich gefühlt haben, aber er musste zu der Überzeugung kommen, dass Gott ihn berufen hatte, Mose zu ersetzen. Gott würde ihm die Fähigkeit zu einem erfolgreichen Führer geben, aber diese Überzeugung verlangte nach Hingabe. Dazu musste sich Josua dem himmlischen König unterordnen und ihm von ganzem Herzen gehorsam sein.

Ein paar Kapitel später erinnerte Gott Josua an die Notwendigkeit dieser Hingabe. Nachdem sie den Jordan überquert hatten, bereitete Josua die Eroberung des Landes vor. Jericho zeichnete sich als das erste grosse Hindernis ab. Als sie nur ein paar Kilometer entfernt von dieser Festung ihr Lager aufschlugen, spürte Josua das ganze Gewicht seiner Position als Oberbefehlshaber. Was wäre, wenn sich die Eroberung der Stadt als zu schwer erweisen würde? Was, wenn die Völker des Landes bessere Krieger wären? Was, wenn sich die Opferzahlen als zu hoch herausstellen würden?

Was immer Josua auch gedacht haben mag, er wurde von einem Mann unterbrochen, der mit gezücktem Schwert vor ihm stand. Josua erkannte ihn nicht und fragte ihn deshalb: «Bist du für uns oder für unsere Feinde?» (Jos 5,13). Die Antwort des Kriegers schreckte ihn. «Nein, sondern ich bin der Fürst über das Heer des HERRN; jetzt bin ich gekommen!» (Jos 5,14). Gott hatte Israel nicht unerschütterliche Treue verheissen, sondern Israel aufgefordert, *ihm* treu zu sein. Gottes himmlische Heerscharen konnten für – oder gegen – Israel kämpfen

Gottes Heerfürst stand in Israels Mitte, um nach Zeichen des Gehorsams und der Hingabe zu suchen. Josua fiel augenblicklich auf sein Angesicht und fragte den himmlischen Kommandanten demütig: «Was redet mein Herr zu seinem Knecht?» Die Lasten und Probleme der Führerschaft rückten jetzt ins richtige Licht. Die Schlacht war Gottes Sache, nicht Josuas. Gott hatte das Kommando, und Josua sollte sein hingegebener Diener sein.

Aber Josua brauchte noch eine letzte Eigenschaft, die ihm zu Treue verhelfen sollte – ein absolutes Vertrauen, das ihn durch die vor ihm liegenden Kämpfe bringen würde.

Vertrauen

Gott prüft unsere Hingabe oft im Schmelztiegel des Kampfes. Es ist leicht, sich Gott hinzugeben, wenn das Manna jeden Morgen auf dem Boden liegt und Gott einem in Visionen erscheint. Schwerer ist es zu vertrauen, wenn die Sicherheiten schwinden und Gott zu schweigen scheint. Josua musste sich darauf einstellen, dass schwere Zeiten vor ihm lagen. Und Gott sicherte ihm mehrfach seinen Schutz zu. «Habe ich dir nicht geboten, dass du stark und mutig sein sollst? Sei unerschrocken und sei nicht verzagt; denn der HERR, dein Gott, ist mit dir überall, wo du hingehst!» (Jos 1,9). Vertraute Josua auch weiterhin? Vor Jericho gab Josua dem Volk die Anweisung: «Erhebt ein Kriegsgeschrei; denn der HERR hat euch die Stadt gegeben!» (Jos 6,16). Am Ausgang gab es nie Zweifel. Josua führte Israel zu einer siegreichen Eroberung, weil er *wusste*, Gott würde ihm den Sieg geben. Später wies Josua den Himmel an, um Israels willen stillzustehen. «Sonne, stehe still in Gibeon, und du, Mond, im Tal Ajalon!» (Jos 10,12). Das ist Vertrauen! Er wusste, Gott würde tun, was er versprochen hatte!

ICH ABER UND MEIN HAUS

Die Gesellschaft verehrt die Kraft und Schönheit der Jugend, aber echte Weisheit steht denen zu, die das Leben und seine Geheimnisse gemeistert haben. Die nächste israelitische Generation von Führern war eifrig dabei, das neue Land zu bebauen, als sie aufgerufen wurden, nach Sichem zu kommen. Mehr als zwanzig Jahre waren vergangen, seit Josua Israel bei der Eroberung des Landes angeführt und es unter den Stämmen aufgeteilt hatte. Josua, der erfahrene Weise, rief Israels neue Führer vor seinem bevorstehenden Tod zu einem letzten Treffen zusammen. Welche letzten Worte der Weisheit würde dieser kampferprobte Veteran der nächsten Generation mit auf den Weg geben?

Es überrascht nicht, dass der Mann, der in seinem Leben beispielhaft für einen treuen Dienst für Gott stand, über Treue spricht. Nachdem er alles durchgegangen war, was Gott für das Volk getan hatte, rief Josua die Führer zum Handeln auf. «So fürchtet nun den

HERRN und dient ihm in Aufrichtigkeit und Treue!» (Jos 24,14; Rev. Elberfelder). Dieser erfahrene Staatsmann machte sich keine Illusionen über die Versuchungen, die vor der jungen Nation lagen. Er hatte lange genug gelebt, um zu sehen, wie sich eine ganze Generation vom Herrn abwandte und in der Wüste umkam. Er musste miterleben, wie gute Soldaten starben, weil ein einziger Mann in Jericho sündigte. Die Versuchung, sich vom Herrn abzuwenden, war gross, und die Folgen könnten verheerend sein.

Bei diesem Führungstreffen brachte Josua dieses Thema zur Sprache. «Wenn es euch aber nicht gefällt, dem HERRN zu dienen, so erwählt euch heute, wem ihr dienen wollt. ... Ich aber und mein Haus, wir wollen» dem HERRN dienen!» (Jos 24,15). Josua wollte sein Leben so beenden, wie er es gelebt hatte ... in treuem Dienst für Gott. Und er forderte die nächste Generation auf, denselben Weg zu gehen.

Josua und Kaleb. Zwei Männer mit unterschiedlichem familiären Hintergrund – einer aus dem Stamm Ephraim, der andere aus dem konkurrierenden Stamm Juda. Männer, die während Israels Wüstenwanderung und der Eroberung Kanaans ein unterschiedliches Mass an Verantwortung übernommen hatten. Und dennoch teilten sie dieselbe unerschütterliche Treue zu ihrem Gott ... und ihr Leben stand im Gegensatz zu dem einer ganzen Generation.

Im grossen Stadion des Himmels müssen Josua und Kaleb Logenplätze haben, von denen aus sie das Rennen der heutigen Treuen beobachten. Sie müssen zu der grossen «Wolke von Zeugen» gehören, die uns umgibt, während wir «mit Ausdauer laufen in dem Kampf, der vor uns liegt» (Hebr 12,1). Sie feuern uns an mit ihrem treuen Zeugnis für Gott. Und sie weisen uns auf das grösste Vorbild für Treue hin ... Jesus Christus. «Achtet doch auf ihn, der solchen Widerspruch von den Sündern gegen sich erduldet hat, damit ihr nicht müde werdet und den Mut verliert!» (Hebr 12,3).

Kaleb und Josua folgten Gott treu nach, auch wenn sie sich dafür gegen den Rest des Volkes stellen mussten. Und nun fordert Gott

Sie zu derselben Hingabe auf. Sind Sie breit und gewillt, Josua nachzusprechen: «So erwählt euch heute, wem ihr dienen wollt. ... Ich aber und mein Haus, wir wollen dem HERRN dienen!» (Jos 24,15)? Warum verpflichten Sie sich nicht gleich jetzt dazu?

NACHDENKEN UND ANWENDEN

Treue ist die Verpflichtung, Gott ungeachtet der Umstände treu zu bleiben. Mehrere Aspekte machen eine treue Person aus.

1. Treue beginnt mit klaren Überzeugungen. Wissen Sie, was Sie glauben auf der Grundlage der Lehren des Wortes Gottes? Gehen Sie in eine örtliche Gemeinde oder zu einem Bibelkreis, wo Sie erfahren können, was Gottes Wort wirklich sagt?

2. Als nächstes kommt die Hingabe. Sind Sie bereit, Gott nachzufolgen und ihm gehorsam zu sein? Schreiben Sie ein Zeugnis Ihrer Hingabe auf ein Stück Papier und stecken Sie es zur Erinnerung in Ihre Bibel. Oder noch besser, schreiben Sie es in Ihre Bibel und unterzeichnen und datieren Sie es. Das könnte Ihre physische Erinnerung ... Ihr «grosser Stein» sein (Jos 24,26), den Sie aufstellen, um nicht zu vergessen, dass Sie sich zur Nachfolge Gottes entschlossen haben.

3. Was würde ein Mensch, der Ihr Leben aufzeichnet, über Ihre Überzeugung, Hingabe und Ihr Vertrauen sagen?

4. Treue lässt uns Gott treu sein, weil wir ihm vertrauen. Schreiben Sie auf, wie sich Gott in den letzten Jahren um Ihre physischen, geistlichen und emotionalen Bedürfnisse gekümmert hat. Machen Sie konkrete Angaben. Führen Sie ein Gebetstagebuch, in dem Sie das Wirken Gottes in Ihrem Leben festhalten.

5. Lernen Sie Josua 24,15 auswendig und bitten Sie Gott, dass er diese Worte zum Ziel Ihres Lebens werden lässt.

«Gnade und Treue sollen dich nicht verlassen. Binde sie um deinen Hals, schreibe sie auf deines Herzens Tafel!» (Spr 3,3-4; Rev. Elberfelder)

IST DER HIMMEL DEIN ZIEL, WIRD DIR DIE
ERDE HINZUGEGEBEN. IST DIE ERDE DEIN ZIEL,
BEKOMMST DU BEIDES NICHT.

– *C. S. Lewis*

MAN KANN GEBEN, OHNE ZU LIEBEN,
ABER NICHT LIEBEN, OHNE ZU GEBEN.

– *Amy Carmichael*

7. BROTTEIG UND PARFÜM –
Ausgewogenheit

NICHT AUSGEGLICHEN

Ich habe früher im Bankgeschäft gearbeitet. Nein, nicht für eine der Banken, die kollabiert sind ... ich habe auch nie eine Multimillionen-Dollar-Prämie erhalten. (Ich habe überhaupt *nie* eine Prämie bekommen!) Um mein Studium zu finanzieren, arbeitete ich in Teilzeit als Kassierer am Autoschalter einer kleinen lokalen Bank. Sie brauchten Teilzeitkräfte und ich als Student einen Job. An jedem Wochentag (ausser Feiertags) sass ich am Schalter und überwachte zwei Durchfahrtsspuren. Die meisten Nachmittage waren vorhersehbar. Aber die Freitage und den 15. sowie den letzten Tag in jedem Monat fürchtete ich. Das waren die Tage, an denen am meisten Betrieb herrschte und die Autoschlangen bis zur Strasse reichten. Und wenn der 15. oder der letzte Tag des Monats auch noch auf einen Freitag fielen und Arbeiter mit ihren Lohnschecks kamen, Geschäfte Einzahlungen tätigten und die Leute Geld fürs Wochenende abhoben, hatten wir alle Hände voll zu tun.

Der stressigste Moment an diesen Tagen kam, wenn wir die Bank schlossen und Bilanz für den Tag zogen. Das Verfahren schien ganz einfach. Ich fing mit dem Eröffnungsbetrag in meiner Kasse an. Fügte die Belege für Bardepots hinzu. Zog die Schecks und Belege für Barabhebungen ab ... und betete zu Gott, dass das Endsaldo der verbliebenen Menge an Geld entspricht! War die Kasse «nicht ausgeglichen», musste ich noch einmal jede Transaktion überprüfen, um herauszufinden, ob die Belege mit den Bardepots und Abhebungen übereinstimmten. Ein mühsames, aber notwendiges Verfahren.

Ausgewogenheit ist entscheidend für ein erfolgreiches Leben. Sie ist die Fähigkeit, alles in ein harmonisches Verhältnis zu bringen und verschiedene Elemente im Gleichgewicht zu halten. Wir machen uns wenig Gedanken über Ausgewogenheit, bis etwas kommt, das unser Leben durcheinanderbringt.

- Während Sie Ihr Scheckheft mit Ihren Kontoauszügen abgleichen, stellen Sie fest, dass eine Diskrepanz von 150 Dollar besteht. ... Ihr Konto ist *nicht ausgeglichen.*
- Sie beginnen ein Trainingsprogramm, bekommen aber schwere Muskelkrämpfe. Ein Bluttest zeigt, dass ein *chemisches Ungleichgewicht* ... ein Kaliummangel ... für die Krämpfe verantwortlich ist.
- Das Lenkrad Ihres Autos wackelt und vibriert beim Fahren. Ein Mechaniker findet das Problem. ... die Räder haben eine *Unwucht.*
- Sie wachen am Morgen auf. Doch beim Aufstehen wird Ihnen schwindlig und übel und Sie müssen zurück ins Bett. Sie rufen Ihren Arzt an, der eine Innenohrinfektion vermutet, die Ihren *Gleichgewichtssinn* durcheinanderbringt.

Ein integres Leben erfordert Ausgewogenheit. Salomo, der weise König, dessen Leben leider zu grossen Teilen aus dem Ruder lief, kam am Ende zu dem Schluss: «Alles hat seine bestimmte Stunde, und jedes Vorhaben unter dem Himmel hat seine Zeit» (Pred 3,1). Die Schwierigkeit besteht darin, Gottes Gleichgewicht zu finden.

Ohne ein Gespür für Ausgewogenheit übernehmen sich einige Christen leicht und fühlen sich ausgebrannt, während andere innerlich einrosten, weil sie zu wenig tun. Wiederum andere leiden unter den Folgen ihrer falschen Entscheidungen. In jedem Fall ... ist es zu ihrem Schaden! Jesus wusste und lehrte, wie entscheidend Ausgewogenheit ist.

In einer bestimmten Situation sandte Jesus die zwölf Jünger zu einer wichtigen Mission in ganz Israel aus (Mk 6,7-13). Sie predigten, trieben Dämonen aus und vollbrachten Wunderheilungen. Als sie zu Jesus zurückkamen, waren sie ausser sich vor Erfolg und sprudelten vor Begeisterung über. Die Volksmengen verfolgten sie bis zu ihrem Meister! Die Tumulte nahmen zu, als sich die Massen enger um Jesus und seine Jünger schlossen. Jesus und die Jünger «hatten nicht einmal Zeit zu essen» (6,31). Männer und Frauen drängten von allen Seiten näher, in der Hoffnung, diese Wunderheiler bei der Arbeit zu sehen oder zu erleben. Es war eine aufregende und anstrengende Zeit. Und dann sagte Jesus: «Kommt ihr allein abseits an einen einsamen Ort und ruht ein wenig!» (Mk 6,31). Ich stelle mir vor, wie die Jünger fast ungläubig ihre Köpfe schüttelten. «Was! Wir sollen jetzt gehen, wo die Erwartungshaltung immer grösser wird? Das Jüngerschaftsgeschäft boomt! Natürlich haben wir Hunger, aber jetzt können wir nicht aufhören!» Sie waren viel zu sehr beschäftigt mit ihrem Dienst, brauchten aber eine Lektion in Ausgewogenheit. Zu viel Arbeit ... auch wenn sie für Gott ist ... kann schädlich sein.

Was ist der Schlüssel zu einem ausgewogenen Leben? Wie können wir uns davor schützen, die Kontrolle zu verlieren? Möglicherweise finden wir Antworten in einem Haus, das Jesus öfters besuchte ... das Haus von Maria, Martha und Lazarus in Bethanien. Die Bibel lädt uns zu drei unterschiedlichen Gelegenheiten in ihr Haus ein. Und jeder einzelne Besuch ist lehrreich.

BEINAHE DIE ZEIT MIT GOTT VERPASST

Während Jesus und seine Jünger durch Israel reisten, wurden sie von Freunden und Nachfolgern mit Unterkunft und Verpflegung versorgt. Ganz normale Menschen öffneten ihr Haus und erwiesen dem Sohn Gottes Gastfreundschaft. Die meisten blieben anonym, aber eine spezielle Familie wird namentlich erwähnt. Vielleicht war ihr Haus aufgrund der Nähe zu Jerusalem so beliebt. Oder es lag an der engen Bindung, die sich zwischen den beiden Schwestern, ihrem Bruder und dem Herrn entwickelte. Oder an den einmaligen Ereignissen, die sich im Inneren des Hauses abspielten. Aus welchen Gründen auch immer, das Haus von Maria, Martha und Lazarus hatte eine besondere Bedeutung im Leben unseres Herrn.

Das Dorf Bethanien liegt am Osthang des Ölbergs. Obwohl Juden aus dem nördlichen Teil des Landes von Galiläa aus in südlicher Richtung direkt durch Samaria nach Jerusalem reisen konnten, bevorzugten viele, diese Region zu umgehen – was die Reise um zwei bis drei Tage verlängerte –, weil sich Juden und Samariter feindselig waren. Diese Juden nahmen einen Umweg nach Jerusalem, der sie entlang der Ostseite des Jordantals in Richtung Totes Meer führte. In der Nähe von Jericho überquerten sie dann den Jordan und nahmen den langen, gewundenen Weg von Jericho nach Jerusalem. Nach einem steilen Aufstieg durch die Wüste Juda war der Ölberg das letzte Hindernis vor Jerusalem. Bethanien lag unterhalb der Bergkuppe an der Ostseite, gerade mal drei Kilometer von Jerusalem entfernt. Das Dorf stellte einen natürlichen Ruheort nach der tagelangen Reise von Jericho dar.

Jesus und seine Jünger benutzten beide Routen von und nach Jerusalem. Einmal «musste [Jesus] aber durch Samaria reisen» (Joh 4,4). Zu einer anderen Gelegenheit reiste Jesus hingegen über Jericho nach Jerusalem (Mt 20,29). Seine Freunde und Nachfolger, die an den unterschiedlichen Wegen wohnten, konnten nicht wissen, wann – oder ob – Jesus und seine Jünger bei ihnen Unterkunft suchen würden.

Das Lukas-Evangelium beschreibt den Albtraum jeder Gastgeberin. Freunde kommen ohne Ankündigung vorbei. Unerwartet ... aber nicht unwillkommen! Es geschah, als Jesus und seine Jünger «weiterreisten, dass er in ein gewisses Dorf kam; und eine Frau namens Martha nahm ihn auf in ihr Haus» (Lk 10,38).

Stellen Sie sich die Szene vor. Sobald Jesus und die Jünger das Haus betraten, fing Martha auch schon an zu wirbeln. Jemand muss zur Zisterne gehen und mehr Wasser schöpfen, um ihre Füsse zu waschen. Doch was ist mit dem Abendessen? Es muss noch weiteres Getreide für Brot gemahlen werden. Augenblick mal! Vor dem Mahlen benötigte ich noch mehr Wasser für den Teig. Halt! Bevor ich den Teig vorbereite, sollte im Ofen das Feuer brennen. O nein! Uns geht langsam das Feuerholz aus. Jemand muss zusätzliches Feuerholz sammeln, bevor wir mit dem Feuer beginnen können. Warte! Wir haben nicht genug Obst oder Gemüse für alle Gäste. Jemand muss auf den Markt gehen und die nötigen Produkte einkaufen.

Marthas Gedanken liefen auf Hochtouren. «Martha aber machte sich viel zu schaffen mit der Bedienung» (Lk 10,40). Gehen Sie nicht zu hart mit Martha um. Gastfreundschaft war ein wichtiger Teil der alten nahöstlichen Kultur, und Martha diente dem Messias Israels. Meine Frau erinnert mich manchmal daran, dass ohne die Marthas auf der Welt nichts passieren würde. Martha, die pflichtbewusste Gastgeberin, war verantwortlich für die Haushaltsführung, und sie nahm ihre Aufgabe ernst.

MARIA BLIEB ZU DEN FÜSSEN DES HERRN SITZEN UND IHRE AUGEN KLEBTEN AN SEINEM GESICHT.

Aber Martha war nicht die einzige Frau im Haus. Sie hatte eine jüngere Schwester, Maria. Während Martha hin und her rannte und Wasser schöpfte, abwusch, mahlte, knetete, buk und schälte, sass Maria «zu Jesu Füssen und hörte seinem Wort zu» (Lk 10,39). Ohne die turbulente Betriebsamkeit um sie herum zu bemerken, sass Maria ruhig da und nahm Jesu Worte in sich auf.

Ich vermute, anfangs versuchte Martha noch auf «subtile» Weise, Marias Aufmerksamkeit zu gewinnen. Ein paar wütende Blicke in Marias Richtung. Ein paar flüchtige Geräusche mit der Zunge. Ein Räuspern ... deutlich hörbar! Möglicherweise trug sie auf dem Rückweg von der Zisterne einen Wasserkrug besonders auffallend durch den Raum und seufzte dabei laut. Maria blieb zu den Füssen des Herrn sitzen und ihre Augen klebten an seinem Gesicht. Sie hörte dem Herrn so aufmerksam zu, dass sie die Vorbereitungen ihrer

Schwester oder ihren zunehmenden Ärger gar nicht wahrnahm. Schliesslich entschied sich Martha für eine deutlichere Methode. Wenn Maria Jesus so konzentriert zuhörte, dann musste Martha Jesus dazu bewegen, ihre Schwester auf Kurs zu bringen. Und ausserdem hätte Jesus auffallen sollen, dass Maria ihre Pflichten als Gastgeberin vernachlässigte. So ging Martha zu Jesus und sagte: «Herr, kümmerst du dich nicht darum, dass mich meine Schwester allein dienen lässt? Sage ihr doch, dass sie mir hilft!» (Lk 10,40). Martha ging wenig feinfühlig vor.

UNSERE GESELLSCHAFT FÖRDERT DAS «MARTHA-SYNDROM.» WIR BELOHNEN FLEISS UND LEISTUNG.

Jesus' sanfte Reaktion führte zu einigem Stirnrunzeln in einer Gesellschaft, die von Männern erwartete, dass sie herumsassen und «gewichtige Dinge» besprachen, während Frauen die Hausarbeit erledigten. «Martha, Martha, du machst dir Sorge und Unruhe um vieles; eines aber ist Not. Maria aber hat das gute Teil erwählt; das soll nicht von ihr genommen werden!» (Lk 10-41-42). Martha war so voller «Sorge und Unruhe» über Details, dass ihr der grosse Zusammenhang entging. Jesus war in ihrem Haus und lehrte ... und sie war so sehr mit dem Zählen von Tassen beschäftigt, dass sie ihm keine Aufmerksamkeit schenkte.

Leider übersehen wir oft den Sinn der Geschichte. Wir reagieren etwa so: Junge! Würde Jesus jemals in mein Haus kommen, würde ich mir keine Gedanken ums Essen machen. Ich würde einfach den Pizzaservice anrufen und zu seinen Füssen sitzen bleiben, bis sie kommen! Aber Jesus dachte an mehr als nur ans Essen.

Alles, was Martha tat, war gut und richtig. Ihr Problem war: Sie kümmerte sich so sehr um die Details, dass sie das Wesentliche aus den Augen verlor. Sie wollte ein Festmahl vorbereiten, obwohl ein einfaches Essen ausgereicht hätte. Sie machte sich Gedanken, wie sie Wasser aus der Zisterne bekommen sollte, während die Quelle lebendigen Wassers im Nebenraum sass. Sie sorgte sich, ob sie genug Brot hatte, während das Brot des Lebens in ihrem Haus war. Vor lauter Bäumen sah sie den Wald nicht.

Unsere Gesellschaft fördert das «Martha-Syndrom.» Wir belohnen Fleiss und Leistung. Wir sehnen uns nach «arbeitssparenden Geräten», die uns mehr freie Zeit bringen. Dann aber nutzen wird diese Geräte, um in dieselben 24 Stunden mehr Tätigkeiten hineinzuzwängen. Wir holen uns die Nachrichten aus dem Internet statt aus der Zeitung oder dem Fernsehen. Auch unser Handy muss mittlerweile einen Internetzugang haben. Und SMS-Nachrichten haben bei vielen die E-Mail ersetzt, weil sie unmittelbarer sind. Inmitten all dieses Trubels haben wir so wie Martha «Sorge und Unruhe um vieles.»

Sind Sie so beschäftigt, dass Beten und Bibellesen zu kurz kommen? Wie viel Zeit nehmen Sie sich täglich, um zu den Füssen des Herrn zu sitzen? Autsch! Den meisten von uns erscheint es leichter, so zu leben wie Martha statt wie Maria. Wir haben so viel zu tun, so viele Projekte zu erledigen. Es ist schwer, sich Zeit für Jesus zu nehmen. Aber ein ausgewogenes Leben wird Zeit für den Herrn finden.

BEINAHE DAS HANDELN GOTTES VERPASST

Würde jemand die Besuche Jesu im Haus von Maria und Martha vertonen, würde der zweite Besuch in Moll beginnen. Beim ersten Besuch konzentrierte sich Lukas auf die beiden Schwestern, aber wie der Bericht des Apostels Johannes vom zweiten Besuch deutlich macht, hatten sie noch einen Bruder, Lazarus. In Johannes 11 sehen wir Jesus und seine Jünger, als ein Bote aus Bethanien mit einer dringenden Bitte von Maria und Martha zu ihnen kommt.

Jesus blieb «jenseits des Jordan an [dem] Ort, wo Johannes zuerst getauft hatte» (Joh 10,40). Der Bote war unterwegs von Bethanien nach Jericho, überquerte den Jordan – wahrscheinlich in einem kleinen Boot – und reiste weitere Kilometer zu einem anderen Bethanien («jenseits des Jordan»), wo man sagte, dass Jesus dienen würde. Zwei Orte namens Bethanien, die kaum 30 Kilometer auseinander lagen und von Jesus zu mehreren Gelegenheiten besucht wurden. Doch für Maria und Martha hätte das andere Bethanien ebenso gut auf der anderen Seite des Römischen Reiches liegen können, da es zu weit entfernt war, um Jesus noch rechtzeitig zur Rettung von Lazarus herbeizurufen.

Nachdem er den ganzen Tag unterwegs gewesen war, fand der Bote Jesus und überbrachte ihm die Nachricht der beiden Schwestern. «Herr, siehe, der, den du lieb hast, ist krank!» (Joh 11,3). Lazarus lag im Sterben, und diese treuen Schwestern brauchten zu seiner Rettung ein Wunder von Gottes Messias. Leider starb Lazarus, wahrscheinlich kurz nachdem der Bote Bethanien verlassen hatte. Die Reise von Bethanien durch die zerklüftete Wüste Juda in das Gebiet östlich von Jericho dauerte einen Tag, und mindestens einen weiteren, um nach Bethanien zurückzukehren. Bevor er sich nach Bethanien aufmachte, «blieb [Jesus] noch zwei Tage an dem Ort, wo er war» (Joh 11,6) – macht zusammen mindestens vier Tage ab dem Zeitpunkt, zu dem der Bote Bethanien verliess, bis zur Ankunft Jesu. Und als Jesus dort ankam, «fand er ihn schon vier Tage im Grab liegend» (Joh 11,17).

Stellen Sie sich die Trauer von Maria und Martha vor. Als sie erkannt hatten, wie krank ihr Bruder war, sandten sie nach der Person, die ihn heilen konnte. Als sich Lazarus' Zustand verschlechterte, wussten sie, der Bote würde Jesus nicht mehr rechtzeitig erreichen. Und trotzdem müssen sie wider besseres Wissen gehofft haben, dass Jesus ihre Not irgendwie spürte und sich schon auf den Weg nach Bethanien gemacht hatte. Sie blickten von Lazarus ... zur Tür ... und wieder zurück zu Lazarus und beteten verzweifelt, dass

Jesus doch noch rechtzeitig käme, um ihren Bruder zu heilen. Aber die Tür öffnete sich nicht ... Jesus kam nicht ... und Lazarus starb, bevor der Tag zu Ende war.

Lazarus' plötzlicher Tod und sein Begräbnis trafen Maria und Martha mit der Wucht eines römischen Rammbocks. Schnell bereiteten sie seinen Körper für die Begräbnisfeier vor und legten ihn noch vor Sonnenuntergang in das Familiengrab. Die Familie muss Lazarus zu dem Zeitpunkt zur Ruhe gelegt haben, als der Bote mit der Nachricht von seiner Krankheit Jesus erreichte.

Spät am nächsten Tag kehrte der Bote mit einer noch beunruhigenderen Botschaft zurück. Ja, er hatte Jesus gefunden und ihm die Nachricht überbracht. Nein, Jesus machte sich nicht sofort auf den Weg. Er schien bemerkenswert ruhig gewesen zu sein, als er die Nachricht hörte. Nachdem er verkündete: «Diese Krankheit ist nicht zum Tode» (Joh 11,4), entschloss sich Jesus, weitere Tage dort zu bleiben, wo er war. Nein, Jesus sagte nicht, wann ... oder ob ... er nach Bethanien kommen würde.

Zwei weitere Tage vergehen in Trauer und Verwirrung. Warum war Jesus nicht gekommen? Wie konnte er Lazarus' körperlichen Zustand derart falsch eingeschätzt haben? Warum schien er so gleichgültig zu sein? Würde er kommen, um ihm die letzte Ehre zu erweisen? Freunde, Verwandte und Nachbarn standen Maria und Martha bei, um sie in dieser schweren Zeit zu trösten, aber die beiden Schwestern konnten nicht anders, als an Jesus ... und ihren Bruder Lazarus zu denken.

Dann lief ein guter Freund ins Haus und flüsterte Maria und Martha zu: «Ich habe gerade Jesus und seine Jünger gesehen. Sie kommen aus der Wüste Juda und nähern sich dem Ort.» Maria brachte es nicht fertig, das Haus zu verlassen, aber Martha beeilte sich, den Herrn zu sehen.

Marthas Entscheidung, Jesus am Dorfeingang zu treffen, entsprang wohlmöglich ihrem Wunsch, eine gute Gastgeberin zu sein. Oder sie kam aus einem tieferen geistlichen Verständnis darüber, wer Jesus war. Oder vielleicht auch, weil sie eine tatkräftige Frau war. In jedem Fall machte sich Martha auf, den zu begrüssen, der Lazarus' Tod hätte verhindern können, wäre er nur vier Tage früher gekommen. Ihre Begrüssung war eine Mischung aus Glauben und Trauer. «Herr, wenn du hier gewesen wärst, mein Bruder wäre nicht gestorben!» (Joh 11,21).

Martha und Maria müssen in den letzten paar Tagen immer und immer wieder gedacht haben: «Wenn nur …» «Wenn nur Jesus hier gewesen wäre, als Lazarus erkrankte.» «Wenn nur Jesus rechtzeitig eingetroffen wäre, um unseren Bruder zu heilen.» «Wenn nur …» Die Worte wurden von beiden Schwestern so häufig wiederholt, dass sie den Herrn auch so begrüssten. Als Maria später das Haus verliess und zu Jesus ging, sagte sie als erstes: «Herr, wenn du hier gewesen wärst, mein Bruder wäre nicht gestorben!» (Joh 11,32).

Zwei Schwestern erfüllt von Trauer. Sie litten unter Umständen, die ausserhalb ihrer Kontrolle lagen, und kämpften gegen die Enttäuschung an. Aber Martha behielt ihr inneres Gleichgewicht. Mehrere wichtige Unterschiede zwischen Maria und Martha heben Marthas Fähigkeit hervor, in einer widrigen Situation die richtige Perspektive zu bewahren.

- Maria blieb im Haus, während Martha Jesus entgegenging (11,20).
- Maria konzentrierte sich nur auf das, was Jesus in der Vergangenheit hätte tun können (11,32), während Martha noch hinzufügte: «Doch auch jetzt weiss ich: Was immer du von Gott erbitten wirst, das wird Gott dir geben» (11,21-22).
- Maria wurde von Trauer verzehrt (11,33), während Martha Kraft gewann aus der Gewissheit einer zukünftigen Auferstehung und ihrem Vertrauen in Jesus als dem «Christus … dem Sohn Gottes» (11,24.27).

Die genauen Details ihrer Begegnung mit Jesus sind von Bedeutung. Bei dieser speziellen Begebenheit ist Martha die Schwester, die ihr inneres Gleichgewicht und die richtige Perspektive bewahrt. Beide glaubten, dass Jesus Lazarus hätte heilen können. Als Lazarus aber tot war, konnte Maria nur noch trauern. Martha hingegen fand Stabilität darin, Jesu aufzusuchen und seiner Fähigkeit zu vertrauen, die Probleme des Lebens zu lösen.

Martha zeigte in ihren drei Bekenntnissen zu Jesus ihren Glauben. Erstens glaubte sie, dass Jesus Ereignisse und Umstände verändert konnte ... sogar die Tatsache des Todes. Benjamin Franklin schrieb einmal: «Nichts ist sicher, ausser dem Tod und den Steuern.» Der Tod ist das letzte grosse Unabänderliche. Solange es Leben gibt, gibt es Hoffnung. Aber kann die Hoffnung auch über das Grab hinaus reichen? Marthas Antwort war: Ja! Lazarus war nun schon vier Tage tot, «doch auch jetzt weiss ich: Was immer du von Gott erbitten wirst, das wird Gott dir geben.»

Zweitens glaubte Martha, dass sie nur vorübergehend von Lazarus getrennt sein würde. Ihr Bruder würde wieder leben. Leid und Schmerz, die sie jetzt empfand, würden eines Tages verschwinden, und Gott würde sie wieder mit ihrem Bruder vereinen. «Ich weiss, dass er auferstehen wird in der Auferstehung am letzten Tag.»

Drittens glaubte Martha, dass Jesus der verheissene Messias und der Sohn Gottes war. Bibellehrer heben oft Petrus' grosses Bekenntnis in Cäsarea Philippi hervor: «Du bist der Christus, der Sohn des lebendigen Gottes!» (Mt 16,16). Aber nur wenige nehmen zur Kenntnis, dass der tiefe Glaube dieser Frau aus Bethanien zu derselben festen Überzeugung kam. «Ich glaube, dass du der Christus bist, der Sohn Gottes, der in die Welt kommen soll» (Joh 11,27).

Martha konnte daran glauben, dass Jesus fähig war, die Zukunft zu beeinflussen, weil sie verstand, wer er war. Er war nicht bloss ein guter Mensch. Er war nicht nur ein Prophet oder Lehrer. Er war mehr als ein Wunderheiler. Er war Israels Messias und der ewige Sohn Gottes.

Wie gross ist Ihr Jesus? Glauben Sie, dass er schwierige Lebenssituationen verändern kann? Glauben Sie, dass er Ihnen eines Tages jede Träne abwischen wird? Glauben Sie, dass er der ewige Sohn Gottes ist? Es ist so leicht, diese grossen Wahrheiten inmitten unserer Probleme zu vergessen. Aber dieses Wissen gibt uns Ausgewogenheit, lässt uns durchhalten ... und erlaubt uns, unsere Integrität zu bewahren.

Martha behielt in der Trauer ihr Gleichgewicht, indem sie über den physischen Verlust ihres Bruders hinaus auf Gott blickte, der das Leben erschuf ... es aufrechterhält ... und es eines Tages wiederherstellt. Indem sie das Leben aus Gottes ewiger Perspektive betrachtete, fand Martha Frieden ... auch wenn sie noch viel zu lernen hatte.

Nun wollte Martha, dass Maria zu demselben Verständnis kam. Nach ihrem grossen Bekenntnis «ging [Martha] fort und rief heimlich ihre Schwester Maria und sprach: Der Meister ist da und ruft dich!» (Joh 11,28). Maria ging zum Herrn und «fiel ... zu seinen Füssen nieder» (Joh 11,32).

Bei jedem der drei Besuche Jesu in Bethanien sehen wir, wie Maria zu seinen Füssen kniet. Beim ersten Besuch kniete sie zu seinen Füssen, um etwas zu lernen. Hier kniet sie vor ihm, um zu trauern. Beim nächsten Besuch wird sie sich zu seinen Füssen hinknien, um anzubeten. Maria hatte Probleme, ihr inneres Gleichgewicht zu bewahren, als sie über den Tod ihres Bruders trauerte. Doch instinktiv wusste sie, dass sie die Antworten zu den Füssen Jesu finden würde.

Die Volksmenge war voll neugieriger Erwartung, als Jesus und die Schwestern zum Grab gingen. Sie verstanden seine tiefe Liebe, als sie ihn weinen sahen. Sie mutmassten, was passiert wäre, wäre der Meister vor Lazarus' Tod eingetroffen. Und ihnen stockte der Atem, als sie hörten, wie er den Befehl gab, den Stein vor dem Grab wegzurollen. Martha brachte den Gedanken zum Ausdruck, den wohl jeder hatte. «Herr, ... er ist schon vier Tage hier!» (Joh 11,39). Wir wissen, dass er tot ist. Lass uns ihn bitte so in Erinnerung halten, wie er war, als wir ihn in das Grab legten ... eingewickelt in saubere Leinentücher und bedeckt mit duftendem Parfüm. Erinnere uns nicht daran, wie schrecklich der Tod einen Menschen entstellt.

Jesus erinnerte Martha behutsam daran, dass sie in schweren Zeiten glauben und vertrauen musste. Dann rief er: «Lazarus, komm heraus!» Wären wir als Fotografen der *Jerusalem Post* dort gewesen, wäre uns die Entscheidung schwer gefallen, welche Szene dramatischer war. Sollten wir die Kamera nach links richten und einen Mann aufnehmen, der wie eine Mumie eingewickelt war und zum Eingang des Grabes taumelte. Oder sollten wir die Kamera nach rechts drehen und die Gesichter der Menge einfangen, die beobachtete, wie Lazarus aus dem Grab kam. Mit aufgerissenen Augen ... offenen Mündern ... auf der Stelle festgewurzelten Körpern ... halb erhoben Händen vor Furcht und Staunen.

Nach ein paar verblüfften Augenblicken müssen Martha und Maria hinübergeeilt sein, um ihren Bruder von den Grabtüchern zu befreien ... den letzten Überresten des Todes, die Lazarus noch in ihrem Griff hatten. Die Trauer verwandelte sich in Freude, als die Schwestern ihren aus dem Grab zurückgekehrten Bruder begrüssten. Und sie begriffen, wie wichtig es ist, Gott zu vertrauen, um in einer chaotischen Welt Stabilität und Gleichgewicht zu bewahren. Gottes ewige Kraft beschränkt sich nicht auf das Jenseits, sie steht uns auch hier und jetzt zur Verfügung.

BEINAHE DIE ANBETUNG GOTTES VERPASST

Zwei Besuche im Haus von Maria und Martha. Zwei verschiedene Situationen. Zwei Frauen wachsen in ihrem Glauben, von denen jede zu unterschiedlichen Zeiten grosse Ausgewogenheit beweist. Wir müssen aber noch einmal in der Heimatstadt dieser aussergewöhnlichen Frauen Halt machen. Es ist Anfang Frühling, und der Ölberg ist bedeckt mit einem Teppich aus grünem Gras, kleinen roten Flecken und gelben Blumen. Der Himmel ist blau, und die Temperaturen fangen langsam an zu steigen. Menschen huschen umher, säubern ihre Häuser und befreien sie vom Sauerteig. Bis zum Passahfest sind es nur noch sechs Tage.

Morgen wird Jesus auf einem jungen Esel vom Ölberg nach Jerusalem hineinreiten, während tausende von jubelnden Juden rufen: «Hosianna! Gepriesen sei der, welcher kommt im Namen des Herrn, der König von Israel!» (Joh 12,12-13). Fünf Tage später wird Jesus gekreuzigt. Aber heute Abend ist die Stimmung entspannt und festlich. Jesus geht zu einem Festessen, das zu seiner Ehre gegeben wird. Johannes teilt uns nicht mit, wo in Bethanien es stattfindet, aber Matthäus sagt, dass es «im Haus Simons des Aussätzigen war» (Mt 26,6). Vielleicht wurde das Festessen von Simon oder seiner Familie arrangiert, um den zu ehren, der ihn vom Aussatz geheilt hatte.

Das Festmahl war zwar im Haus von Simon, aber Maria, Martha und Lazarus waren auch anwesend. «... und Martha diente. Lazarus aber war einer von denen, die mit ihm zu Tisch sassen» (Joh 12,2). Irgendwie habe ich damit gerechnet, Martha dienen zu sehen! Das Festessen in Bethanien muss eine grosse Sache gewesen sein. Ausser Simon dem Aussätzigen, Jesus und Lazarus waren zu Gast die Jünger Jesu und «eine grosse Menge der Juden», die kamen, um Jesus und Lazarus zu sehen. Nach typisch griechischer und römischer Sitte lagerten die Gäste während des Festmahls um einen niedrigen Tisch, der die Form des Grossbuchstabens E hatte, nur ohne den mittleren Strich. Auch eine grosse Menge nicht geladener Gäste war erschienen, die einen Blick auf Jesus und Lazarus erhaschen wollten. Sie drängten sich vom äusseren Hof in den Festsaal und machten es den Dienenden schwer, zu den Gästen durchzudringen. Jeder Gast lehnte sich auf Matten oder Kissen und streckte seine Füsse vom Tisch weg. Während er mit der rechten Hand ass, stützte er sich auf seinen linken Ellbogen. Martha und die anderen Diener brachten das Essen zur Innenseite des Tisches. Alles konzentrierte sich auf die Innenseite des Tisches. Ich vermute, niemand bemerkte es, als Maria an der Tischaussenseite zu den Füssen Jesu Platz nahm. Möglicherweise dauerte es ein paar Sekunden, bis die Gäste den starken Duft wahrnahmen, der den Raum erfüllte, und sich nach der Quelle umsahen. Da kniete Maria und goss ein Pfund reiner Narde auf die Füsse Jesu!

Narde, ein duftendes Salböl, wurde normalerweise in kleinen Mengen auf den Kopf aufgetragen. Der Apostel Johannes hält fest, dass Maria «Salböl von echter, sehr kostbarer Narde» verwendete (Joh 12,3; Elberfelder 2003). Wie kostbar? Judas, der Kassenwart, rechnete es im Kopf schnell mal durch. Ein Pfund reiner Narde hätte etwa 300 Denare eingebracht, das «Jahreseinkommen» eines durchschnittlichen Arbeiters in Judäa.

Judas gab vor, über Marias Verschwendung besorgt zu sein. «Warum hat man dieses Salböl nicht für 300 Denare verkauft und es den Armen gegeben?» (Joh 12,5). Aber Johannes deckt Judas' wahres Motiv auf: «Das sagte er aber nicht, weil er sich um die Armen kümmerte, sondern weil er ein Dieb war und den Beutel hatte und trug, was eingelegt wurde» (Joh 12,6). Was Judas sagte, war richtig ... doch seine Gründe waren falsch!

Während sich Johannes mit Judas und seinen Motiven beschäftigte, wirft Matthäus einen kritischen Blick auf die anderen Jünger. Offenbar liessen sie sich von Judas' Argumentation beeinflussen. «Als das seine Jünger sahen, wurden sie unwillig und sprachen: Wozu diese Verschwendung?» (Mt 26,8). Sie wollten Gutes für das

Reich Gottes tun, und Marias Tat erschien ihnen wie reine Geldverschwendung. Sie hatten die richtige Perspektive verloren. Was ist wichtiger, als Gott zu dienen ... Gutes zu tun ... und anderen zu helfen? Die Jünger wussten, wie wichtig es ist, anderen zu dienen, und mit Ausnahme des heuchlerischen Judas spürten sie, dass das Parfüm besser zur Verherrlichung Gottes hätte eingesetzt werden können, wäre es verkauft worden. Ich bin mir sicher, sie waren aufgebracht, als sie lautstark protestierten: «Wie konnte diese Frau es nur so gedankenlos verschwenden!» Sie hatten den Sinn nicht begriffen ... aber Jesus sollte sie wieder auf die richtige Spur bringen.

Alle drehten sich zu Jesus um, als er sprach ... und ihre Augenbrauen bogen sich nach oben, als er *sie* tadelte! «Lass sie! Dies hat sie für den Tag meines Begräbnisses aufbewahrt» (Joh 12,7). Das Markus-Evangelium fügt den erklärenden Worten Jesu weitere Details hinzu: «Sie hat meinen Leib im Voraus zum Begräbnis gesalbt» (Mk 14,8).

Jesus hatte seinen bevorstehenden Tod angekündigt. Unzählige Male hatte er seinen Jüngern gesagt, «dass er nach Jerusalem gehen und viel leiden müsse von den Ältesten, den obersten Priestern und Schriftgelehrten, und getötet werden und am dritten Tag auferweckt werden müsse» (Mt 16,21). Keiner nahm seine Worte ernst ... ausser Maria.

Maria muss gehört haben, wie Jesus seinen bevorstehenden Tod ankündigte ... sie nahm seine Worte zu Herzen ... begriff, dass er sterben würde, um sie zu erretten ... und beschloss, ihre Liebe in einem einzigartigen Akt der Anbetung zum Ausdruck zu bringen. Der Krug mit reiner Narde war wohlmöglich der grösste Schatz, den sie besass. Höchst wahrscheinlich war es ihr wertvollster. Sie zeigte ihr geistliches Verständnis, ihre Wertschätzung und ihre tiefe Hingabe, indem sie ihren Herrn salbte, bevor er starb und ins Grab gelegt wurde. Das war nicht die unüberlegte Tat eines emotionalen Bewunderers oder eine leichtfertige Demonstration aussergewöhnlichen Reichtums. Es war vielmehr ein aufrichtiger Akt der Anbetung von einer Nachfolgerin, die die Worte ihres Herrn kannte und ihnen glaubte.

Maria verstand, wie wichtig es ist, Dienst und Anbetung ins Gleichgewicht zu bringen. Den Jüngern war dies nicht bewusst. Jesu Erklärung muss jene beunruhigt haben, die sie hörten, die wiederholten Hinweise auf seinen bevorstehenden Tod aber nicht verstanden. «Denn die Armen habt ihr allezeit bei euch; mich aber habt ihr nicht allezeit» (Joh 12,8). Gelegenheiten, Gutes zu tun, anderen zu helfen und Bedürfnisse zu stillen, würde es auch weiterhin geben. Aber die Möglichkeit, Jesus anzubeten und ihm zu dienen, während er in ihrer Mitte war, war begrenzt. Die Jünger konzentrierten sich so sehr darauf, anderen zu dienen, dass sie ihre Gelegenheit verpassten, den Herrn anzubeten und ihm zu dienen.

Als Jesus das ganze mosaische Gesetz zusammenfassen sollte, tat er es in zwei Geboten. «Du sollst den Herrn, deinen Gott, lieben mit deinem ganzen Herzen und mit deiner ganzen Seele und mit deinem ganzen Denken» und «du sollst deinen Nächsten lieben wie dich selbst» (Mt 22,37-39). Das ganze mosaische Gesetz hing an zwei Geboten ... und diese mussten im Gleichgewicht gehalten werden.

Manche behaupten, sie würden Gott lieben, während sie andere mit Wut, Eifersüchteleien, Gefühllosigkeit oder Gleichgültigkeit behandeln. Ihre Glaubensgrundsätze sind alle richtig. Sie kommen stets zu den Anbetungsstunden, beten und lesen fleissig in der Bibel ... aber die Menschen um sie herum werden von ihnen ignoriert und schlecht behandelt. Der Apostel Johannes brachte es treffend auf den Punkt: «Lasst uns nicht mit Worten lieben noch mit der Zunge, sondern in Tat und Wahrheit!» (1Jo 3,18). Unser Handeln muss mit dem übereinstimmen, was wir behaupten zu glauben.

Wieder andere Christen sind so sehr mit dem Dienst an anderen beschäftigt, dass sie die Anbetung Gottes vergessen. Sie werden so sehr von den Bedürfnissen im Hier und Jetzt in Anspruch genommen, dass sie den Gott der Ewigkeit, der ihre Liebe und Hingabe erwartet und verdient, ausser Augen verlieren. Und letzten Endes wird ihr geistliches Leben unfruchtbar und steril. Ähnlich wie es der Apostel Johannes in der Offenbarung über die Gemeinde in Ephesus sagt, kann man so sehr mit seinen Werken, seinen Bemühungen und seinem standhaften Ausharren beschäftigt sein, dass man eines Tages aufwacht und feststellt, «dass [man seine] erste Liebe verlassen» hat (Offb 2,2.4). Beschäftigung, sogar der noble Dienst für den Herrn, kann zu einer Gebieterin werden, die unser Herz von Gott wegzieht. Und wenn das geschieht, gerät unser Leben aus dem Gleichgewicht und wir verlieren unsere Integrität.

Maria verstand das. Jesus war wichtiger als ihr Besitz, wichtiger als ihr Ruf, wichtiger als ihr Dienst an anderen. Er verdiente ihre Anbetung und Hingabe ... und sie setzte ihn an die erste Stelle.

LEKTIONEN AUS BETHANIEN

Wir stehen neben Maria und Martha und winken zum Abschied, als Jesus und seine Jünger Bethanien verlassen und über den Ölberg nach Jerusalem ziehen. Lange, nachdem Jesus gegangen ist, duftet es im Haus noch immer nach Narde. Die zerbrochenen Stücke des Alabasterkrugs liegen auf einem Regal in der Ecke und erinnern an ihr letztes Festmahl in Bethanien mit Jesus.

Die beiden Schwestern denken über die Besuche des Meisters in ihrem Dorf und ihrem Haus nach und sprechen über die Lektionen, die sie gelernt haben. Und das Wort, das ihnen am häufigsten einfällt, ist «Ausgewogenheit.» Jesus zeigte ihnen mehrere wichtige Geheimnisse für ein ausgewogenes Leben in einer Welt, die aus dem Gleichgewicht geraten ist.

157

Martha lächelt, während sie ihre «arbeitswütige» Natur eingesteht, die oft dazu führte, dass sie besorgt und frustriert war ... bis Jesus sie daran erinnerte, dass sie ihre Beschäftigungen mit ihrer stillen Zeit vor Gott und seinem Wort ins Gleichgewicht bringen muss.

Marias Augen werden feucht und eine Träne rinnt über ihre Wange, während sie daran zurückdenkt, wie traurig sie war, als Lazarus starb. Sie weigerte sich, das Haus zu verlassen und dem Herrn entgegenzugehen ... bis Jesus sie rufen liess. Er lehrte sie, ihm zu vertrauen und ihn zu suchen, wenn die Belastungen des Lebens zu gross werden, um sie zu ertragen.

Die Schwestern umarmen sich und denken an die Ereignisse des letzten Abends. Die Jünger waren so sehr damit beschäftigt, Gutes zu tun ... nur daran interessiert, was unterm Strich herauskommt ... dass sie ihre erste Liebe vergassen. Martha bediente, aber Maria betete an. Und dadurch machte sie deutlich, dass sie begriffen hatte, dass Gottes Plan mit seinem Messias zum Kreuz führte.

Just in diesem Moment waren in der Entfernung leichte Unruhen zu hören. Die Menge drängte sich nach Jerusalem hinein und rief einstimmig. Die beiden Schwestern strengten sich an, die Worte zu verstehen. «Hosianna! Gepriesen sei der, welcher kommt im Namen des Herrn, der König von Israel!» Tausende von Pilgern riefen ihre Unterstützung für Jesus, den Messias Israels, hinaus. Aber Maria – und Martha – wussten, dass Jesus in diesem Augenblick das Kreuz vor Augen hatte, nicht das irdische Reich Davids. Seine einzige Krone würde aus Dornen bestehen, die sich in seine Stirn bohren.

Diese zwei Schwestern behielten ihr Gleichgewicht in einer Woche, in der andere ihre messianischen Erwartungen enttäuscht sahen und ihn verliessen und verleugneten. Sie aber blieben ausgeglichen, da der Meister sie gut darauf vorbereitet hatte.

NACHDENKEN UND ANWENDEN

Ausgewogenheit ist die Fähigkeit, nicht in Extreme abzurutschen. Ein ausgewogenes christliches Leben zeichnet sich durch verschiedene Elemente aus.

1. Ein ausgewogenes Leben als Christ beinhaltet, sich mit Gott und seinem Wort zu beschäftigen. Wie viel Zeit verbringen Sie jeden Tag mit dem Studium seines Wortes «zu den Füssen Jesu»? Sind Sie wie Martha zu beschäftigt, um Zeit für ihn zu haben? Entscheiden Sie sich für das «gute Teil» und bestimmen Sie täglich eine feste Zeit, in der Sie das Wort Gottes studieren und zu Gott beten.

2. Ein ausgewogenes Leben als Christ betrachtet Probleme und Enttäuschungen aus Gottes ewiger Perspektive. Schreiben Sie Ihre persönlichen Enttäuschungen und Kämpfe auf. Ist Gott gross genug, um sich um diese Dinge zu kümmern? Bitten Sie ihn darum und versuchen Sie, seine ewige Sicht zu verstehen.

3. Ein ausgewogenes Leben als Christ lässt es nicht zu, dass Materialismus die Anbetung Gottes behindert. Wie setzen Sie ihren persönlichen Besitz ein, um Ihre Liebe für Gott zum Ausdruck zu bringen?

4. Lernen Sie Prediger 3,1 auswendig und bitten Sie Gott, Ihnen die richtige «Stunde» und «Zeit» für alle Aktivitäten in Ihrem Leben zu zeigen ... damit Sie ein ausgewogenes Leben führen können.

«Es ist am besten, du hältst das eine fest und lässt auch das andere nicht aus der Hand; denn wer Gott fürchtet, der entgeht dem allem.» (Pred 7,18)

BLEIBE STANDHAFT ... UND WEIGERE DICH ZURÜCKZUWEICHEN. VERSUCHE ES SO ZU SEHEN, WIE GOTT ES SIEHT, UND STÜTZE DICH AUF SEINE KRAFT, UM DEM DRUCK STANDZUHALTEN.

– Charles R. Swindoll

8. AUS DEM RICHTIGEN STOFF –
Sexuelle Reinheit

DIE NAMEN WURDEN VERÄNDERT,
UM UNSCHULDIGE PERSONEN ZU SCHÜTZEN

Als ich aufwuchs, sah ich mir im Fernsehen gerne Polizeisendungen an, die auf wahren Geschichten basierten. Ein Programm begann mit den Worten: «Die Geschichte, die Sie gleich sehen werden, hat sich wirklich ereignet. Die Namen wurden verändert, um unschuldige Personen zu schützen.» Dasselbe gilt für die Geschichte, die ich Ihnen jetzt erzählen möchte. Die Namen ... und einige Details ... wurden verändert, um unschuldige Personen, Gemeinden und Gruppen zu schützen. Aber die Geschichte ist leider wahr.

«John» wuchs in einem guten und tugendhaften Elternhaus auf. Er war der typische Junge von Nebenan, mit dem eine Mutter ihre Tochter ausgehen sehen will ... anständig, freundlich, kontaktfreudig, gut aussehend, intelligent und mit Gemeindeanschluss. Nachdem er unter den besten zehn Prozent seiner Highschool abgeschlossen hatte, wechselte John an die öffentliche Universität in seinem Bundesstaat. Dort begann er sich mit «Christy» zu verabreden, einer dynamischen Christin, die sich ebenfalls an der Universität eingeschrieben hatte. Sie begegneten sich zum ersten Mal bei einer Veranstaltung, die eine von mehreren christlichen Gruppen am Campus organisiert hatte.

John und Christy schienen ein vorbildliches Paar zu sein. Beide waren entschiedene Christen, die regelmässig eine Gemeinde besuchten und sich aktiv in der Campusgruppe engagierten, in der sie sich kennen gelernt hatten. Beide nahmen ihr Studium ernst und kamen gut voran. Zu ihren Hobbys gehörten Wandern und Radfahren. Niemand war überrascht, als John und Christy am Ende des ersten Studienjahres ihre Verlobung bekannt gaben.

John und Christy schlossen das College ab und heirateten noch im selben Sommer. Beide fanden in einer anderen Stadt Arbeit, zogen mit ihrem spärlichen Besitz um, suchten sich eine Gemeinde, in der sie sich zu Hause fühlten, und begannen ihr neues Leben als Mann und Frau. Sie brachten sich in ihrer neuen Gemeinde ein und die Leute liebten sie. Sie schienen wie perfekte Vorbilder für die Jugend ... ein gutes Beispiel dafür, wie Gott die Ehe gedacht hatte. Das «Sahnehäubchen» kam ein paar Jahre später, als ihr erstes Kind geboren wurde.

Aber in Johns Leben war nicht alles gut. Er hatte Geheimnisse, für die er sich so sehr schämte, dass er sie nicht einmal Christy mitteilte, Geheimnisse, die bis zu seinem ersten Jahr an der Universität zurückreichten. Am Campus, der in der Nähe einer grossen Stadt lag, waren mehr als 20.000 Studenten. Die Grösse des Campus und die Stadt gaben John die Möglichkeit, anonym «die andere Seite des Lebens» zu entdecken. Es begann damit, dass er sich leicht Pornografie beschaffen konnte. John suchte sexuelle Erleichterung, in dem zu den Bildern von nackten Frauen masturbierte.

Johns Faszination für «Softpornografie» brachte ihm ein intensives, aber kurzlebiges Vergnügen. Irgendwann sahen alle nackten Körper gleich aus. Seine sexuelle Befriedigung liess nach. So suchte John nach harter Pornografie. Die Bilder und Videos zeigten Männer und Frauen beim Sex. John empfand erneut ein starkes sexuelles Vergnügen ... das mit der Zeit aber wieder abnahm.

Wie ein Drogenabhängiger, der immer grössere Dosen nehmen muss, um einen Kick zu erreichen, wuchs auch Johns Hunger nach sexuell eindeutigerem Material. Er fing an, Herrenklubs aufzusuchen, in denen es Unterhaltung für «Erwachsene» gab. Das Bedürfnis nach expliziteren Bildern, um dasselbe Mass an körperlicher Befriedigung zu erreichen, hielt an. Obwohl er wusste, dass es falsch war, versuchte John Christy sogar zu vorehelichem Geschlechtsverkehr zu überreden, um sein wachsendes Verlangen zu befriedigen. Sie weigerte sich aber. Weil sie für das einstand, von dem er in seinem Herzen wusste, dass es richtig war, übermannten ihn Schuldgefühle.

Nach diesen Verabredungen ging er nach Hause, warf sich tränenüberströmt aufs Bett und schwor dem Herrn, dass er sich nie wieder ein pornografisches Bild oder Video ansehen würde ... aber er tat es immer wieder. Keiner kannte sein geheimes Leben, sodass er niemandem Rechenschaft ablegen musste. Letztlich versuchte er seinen zwanghaften Pornografiekonsum zu rechtfertigen, indem er sich einredete, es wäre nur ein vorübergehendes Mittel, um seinen Sexualtrieb zu befriedigen, bis er und Christy verheiratet seien. Dann würde er es nicht mehr nötig haben, sich Pornografie anzuschauen.

In den ersten sechs Monaten ihrer Ehe verzichtete John auf jegliches pornografisches Material. Seine körperliche Beziehung zu Christy war so erfüllend, wie er sich sie immer vorgestellt hatte. Alles schien in Ordnung zu kommen ... bis John eines Abends allein zu Hause war und im Fernsehen einen Film anschaute. Obwohl der Sender den Film inhaltlich geschnitten hatte, weckten die sexuellen Untertöne in John die Erregung, die er empfand, als er sich pornografische Videos angesehen hatte. Er stellte fest, wie vor seinem geistigen Auge die pornografischen Bilder von früher zurückkehrten, die sich in sein Gedächtnis gebrannt hatten.

Innerhalb einer Woche sah sich John wieder pornografische Videos an. Er wartete auf die sexuelle Erregung ... aber nach der Selbstbefriedigung war er enttäuscht. Nachdem er eine echte Frau in seinen Armen gehalten hatte, brachten die Videobilder nicht dieselbe Art von Befriedigung. Das Tier in ihm wuchs langsam wieder und verlangte nach mehr ... aber nun waren mehr als nur Bilder oder Videos nötig, um seine Sucht zu stillen.

Manche Männer haben aussereheliche Affären, um ihre anhaltenden sexuellen Fantasien auszuleben. Andere suchen Prostituierte auf. Aus irgendeinem Grund schlug John einen abscheulicheren Weg ein – Vergewaltigung.

Seine Entscheidung kam möglicherweise zustande, weil all diese Bilder und Videos Frauen nur als Sexobjekte darstellen, die dazu da sind, die niedersten Bedürfnisse eines Mannes zu befriedigen. Vielleicht traf er seine Entscheidung auch, weil er anonym bleiben wollte. Oder weil sich wohlmöglich sogar Prostituierte weigerten, die sexuellen Handlungen vorzunehmen, die er sich vorgestellt hatte. Welche Gründe er auch gehabt haben mag, John fing an, unschuldigen Frauen nachzustellen.

Die Polizei wusste, sie hatte es mit einem Serienvergewaltiger zu tun. Jedes Mal derselbe Stadtteil, dieselbe grundlegende Methode, dasselbe perverse Bedürfnis, dem Opfer vor der Vergewaltigung pornografische Videos zu zeigen. Aber niemand verdächtigte John ... bis zu der Nacht, in der er geschnappt wurde.

Ein aufmerksamer Wohnungsbesitzer sah im Dunkeln jemanden und rief die Polizei. Die Polizei verhaftete John, bevor er überhaupt merkte, dass sie hinter ihm her waren. «Das muss ein Irrtum sein!», protestierte er, als sie ihm Handschellen anlegten und ihn zum Revier brachten, um ihn zur Rechenschaft zu ziehen. Seine Arbeitskollegen, Nachbarn und Freunde in der Gemeinde konnten nicht glauben, was ihm zur Last gelegt wurde. «Die Polizei muss den falschen Mann festgenommen haben! John kann es nicht sein – wir kennen John!»

Und Christy war geschockt und am Boden zerstört.

Aber die Polizei hatte den richtigen Mann gefasst. Seine Fingerabdrücke entsprachen denen in der Wohnung, in der er die bisherigen Vergewaltigungen begangen hatte, und die DNA, die man an den Opfern fand, bewies seine Schuld. Alles, was John tief in den dunkelsten Winkeln seines «anderen Lebens» zu verbergen versuchte, stand jetzt auf der Titelseite der Lokalzeitung.

Bei der Gerichtsverhandlung musste Johns Familie unter Schmerzen die anschaulichen Beweise seiner abscheulichen Taten ertragen. Johns «andere Seite» war schmutzig und hässlich. Nachdem ein Opfer nach dem anderen im Zeugenstand aussagte, nahm das Entsetzen über seine Taten zu. Unschuldige Menschen wurden für ihr ganzes Leben gezeichnet, weil sie die niedersten Bedürfnisse eines Mannes befriedigen mussten, der so sehr bemüht war, sich anderen als vorbildlicher Christ zu präsentieren.

Heute sitzt John in einer Zelle eines Hochsicherheitsgefängnisses. Seine Familie ist zerbrochen, seine Kinder wachsen zu Hause ohne Vater auf, seine Freunde in der Gemeinde haben noch immer mit emotionalen Verletzungen und Wut zu kämpfen. Ähnlich wie eine Schlammlawine, die einen Hang herabrutscht, rissen Johns Verhaftung, Prozess und Verurteilung seine anständige Fassade mit sich und deckten die Sünde auf, die direkt unter der Oberfläche lauerte.

DAS KÖNNTE MIR NIE PASSIEREN

Ihre erste Reaktion auf Johns tragisches Leben könnte sein: «Das könnte mir nie passieren.» Und in gewisser Hinsicht haben Sie wahrscheinlich Recht. Die meisten Menschen greifen nicht zu solch extremen Handlungen. Aber seien Sie vorsichtig, dass Sie Ihre Deckung nicht vernachlässigen. Auch Sie sind angreifbar für sexuelle Versuchung. Und die Folgen für Ihre physische, emotionale und geistliche Gesundheit können ebenso tödlich sein.

Der Apostel Paulus schrieb der Gemeinde in Korinth, die mit ernsten moralischen, persönlichen und zwischenmenschlichen Problemen zu kämpfen hatte. In der Mitte seines Briefes lehrte er die Menschen in Korinth eine Geschichtslektion, die von den Kindern Israel in der Wüste handelte. Paulus erinnerte seine Leser daran, dass eine Reihe von Sünden (inklusive «sexueller Unmoral») einer ganzen Generation von Israeliten das Leben kostete (1Kor 10,6-11). Anschliessend wandte er diese Lektion auf die Gemeinde in Korinth an. «Darum, wer meint, er stehe, der sehe zu, dass er nicht falle!» (1Kor 10,12).

Doch warum widmen wir ein ganzes Kapitel der Gefahr sexueller Unmoral und der Notwendigkeit sexueller Reinheit? Sind Lügen ... oder Stolz ... oder Habsucht nicht genauso schlecht? In gewisser Weise stimmt es, dass in Gottes Augen jede Sünde böse ist. Jede Sünde ist eine Beleidigung für Gottes Heiligkeit. Und dennoch müssen wir uns aus zweierlei Gründen mit der Bedeutung sexueller Reinheit befassen.

Erstens sagt die Bibel, dass sich sexuelle Sünden in gewisser Hinsicht von den meisten anderen Sünden unterscheiden. Paulus erklärte diesen Unterschied der Gemeinde in Korinth ... einer Stadt, die im Ruf sexueller Masslosigkeit stand. (Ein beschönigender Ausdruck für eine Prostituierte zur Zeit Paulus war ein «korinthisches Mädchen.») Paulus kam gleich zum Wesentlichen: «Flieht die Unzucht! Jede Sünde, die ein Mensch sonst begeht, ist ausserhalb des Leibes; wer aber Unzucht verübt, sündigt an seinem eigenen Leib. Oder wisst ihr nicht, dass euer Leib ein Tempel des in euch wohnenden Heiligen Geistes ist, den ihr von Gott empfangen habt, und dass ihr nicht euch selbst gehört?» (1Kor 6,18-19). Sexuelle Sünden entweihen Gottes lebendigen Tempel auf der Erde.

Zweitens müssen wir uns mit sexueller Unmoral beschäftigen, weil wir in unserer Gesellschaft ständig mit sexueller Versuchung konfrontiert werden ... und das in zunehmendem Masse. Noch vor ein paar Jahren waren Eltern besorgt, weil in Zeitschriften nackte Brüste zu sehen waren oder Filme sexuell anzügliche Szenen enthielten. Heute ist jede denkbare Art von Pornografie im Internet frei zugänglich für alle. Wir leben in einer Gesellschaft, in der Kondome an Schulkliniken verteilt werden, und die Vorstellung, dass Schulen sexuellen Verzicht als Antwort auf Schwangerschaften bei Jugendlichen und AIDS lehren sollten, erscheint geradezu lächerlich. Durch Geschlechtsverkehr übertragene Krankheiten nehmen unter heutigen Teenagern in alarmierendem Masse zu ... und die einzige sichere Lösung ist sexuelle Reinheit.

Christen können für diese Gefahr desensibilisiert werden durch all die sexuellen Bilder, die täglich auf sie eindringen. Ähnlich wie ein Frosch in einem kochenden Wasserkessel erkennen wir nicht die Wirkung, die Werbung und Fernsehprogramme auf uns haben ... bis es zu spät ist. Die Zahl an Christen, die in die Falle sexueller Unmoral gehen, ist zu gross, um sie zu ignorieren. Und die Folgen sind katastrophal!

PERSÖNLICHE VERANTWORTUNG ÜBERNEHMEN

In unserer Gesellschaft tritt das Prinzip der «Opferrolle» immer deutlicher in den Vordergrund. Wir sind für unser Handeln nicht verantwortlich, weil wir «Opfer» unserer ethnischen Herkunft, gestörter Familienverhältnisse oder ökonomischer, sozialer oder schulischer Benachteiligungen sind. Wenn es jemals eine Person gab, die ihr Handeln mit dem Hinweis auf ihre Opferrolle hätte rechtfertigen können, dann war es Joseph. Seine Geschichte in 1. Mose 37–45 erinnert uns daran, dass das Leben eine Mischung ist aus Umständen, über die wir keine Kontrolle haben, und unserer Reaktion darauf, die sehr wohl in unserer Macht steht. Joseph entschied sich, richtig zu reagieren, ungeachtet seiner Umstände.

Joseph wurde in eine Familie hineingeboren, die wir beschönigend als «gemischt» bezeichnen würden. Besser beschrieben wäre sie allerdings mit dem Wort problematisch. Die Streitigkeiten, Verschwörungen, Betrügereien, Intrigen und internen Machtkämpfe in dieser Grossfamilie wirken wie eine moderne

Seifenoper. Josephs Vater Jakob hatte zwei Ehefrauen und zwei Nebenfrauen, von denen ihm jede Kinder schenkte. Jakob war ein schwacher, inkompetenter Ehemann und Vater. Seine Tochter Dina wurde vergewaltigt, doch er schwieg und handelte nicht (1Mo 34,5). Stattdessen regte er sich über zwei seiner Söhne auf, als diese die böse Tat rächten (1Mo 34,6-7.25-31). Sein ältester Sohn hatte ein sexuelles Verhältnis mit einer von Jakobs Nebenfrauen, und obwohl Jakob davon wusste, stellte er ihn nicht zur Rede (1Mo 35,22). Joseph wuchs mit einem Vater auf, der hinsichtlich Charakter und Überzeugungskraft kein Vorbild war.

Joseph hätte für sich auch in Anspruch nehmen können, ein Opfer der zwischenmenschlichen Konflikte seiner Brüder gewesen zu sein. Als erstgeborener Sohn von Jakobs Lieblingsfrau schenkte sein Vater ihm besondere Aufmerksamkeit. Der Tiefpunkt war für die Brüder erreicht, als Jakob Joseph «einen bunten Leibrock» schenkte, der ausdrückte, dass er Joseph bevorzugte. «Als nun seine Brüder sahen, dass ihr Vater ihn [Joseph] lieber hatte als alle seine Brüder, hassten sie ihn [Joseph] und wollten ihn nicht mehr mit dem Friedensgruss grüssen» (1Mo 37,4).

NACH HEUTIGEM VERSTÄNDNIS HATTE JOSEPH JEDES RECHT, VERBITTERT UND WÜTEND ZU SEIN.

Weil Jakob unweise handelte, wurde Joseph von den anderen Söhnen geächtet. Je mehr Jakob Joseph lobte, umso wütender wurden dessen Brüder. Ihr Hass kochte über, als Jakob ihn losschickte, um nach seinen Brüdern zu sehen. «Als sie ihn nun von ferne sahen, ehe er in ihre Nähe kam, beschlossen sie, ihn heimlich umzubringen» (1Mo 37,18).

Der Ort muss den Brüdern ideal erschienen sein. Auf ihrer Suche nach geeignetem Weideland hatten sie sich über hundert Kilometer vom Zelt Jakobs im Tal Hebron entfernt (1Mo 37,14-17). In diesem Teil des Landes kannte niemand Jakob oder seine Söhne. Selbst wenn jemand Josephs Körper entdecken würde, würde er nicht wissen, wer er war – oder woher er stammte. Und die meisten Reisenden an der Route waren midianitische Kaufleute, die zwischen Ägypten und Mesopotamien Handel betrieben. Die Brüder verfolgten ihren ursprünglichen Plan nicht bis zum Ende. Stattdessen verkauften sie Joseph als Sklaven an eine Gruppe von Händlern, die ihn nach Ägypten verschleppten. Vom Lieblingssohn seines Vaters wurde Joseph zu einem ausländischen Sklaven in Ägypten. Sein Weg in die Sklaverei führte ihn zu «Potiphar, einen Kämmerer des Pharao, den Obersten der Leibwache» (1Mo 37,36).

Nach heutigem Verständnis hatte Joseph jedes Recht, verbittert und wütend zu sein. Sein familiärer Hintergrund war kompliziert, die Passivität und Begünstigungen seines Vaters hatten zu Disharmonie und Hass geführt. Jetzt wurde er von seinen Brüdern abgelehnt und allein gelassen ... als Sklave verkauft ... seiner Würde beraubt ... in eine fremde Kultur mit neuen Werten und Erwartungen verschleppt. Joseph hätte jede Ausrede gehabt, die er brauchte, um Gott aufzugeben und ein Leben in Hemmungslosigkeit oder Selbstmitleid zu führen. Doch er bewahrte ein reines und hingegebenes Leben. Lassen Sie uns hinter die Kulissen blicken, um herauszufinden, wie er das schaffte.

Joseph akzeptierte Gottes Massstäbe

Vom Lieblingssohn zum Sklaven! In nur wenigen Wochen durchlebte Joseph eine Achterbahn der Gefühle und Situationen – vom grossen väterlichen Zelt aus Ziegenhaar mit seinen gewobenen Teppichen und zahlreichen Knechten ... auf den Grund einer feuchten, dunklen Zisterne ... bis hin zur Sklaverei im Haus eines ägyptischen Regierungsbeamten. Aber Joseph verlor nie seinen Glauben an Gott ... und Gott gab Joseph nie auf. Das erste Buch Mose sagt deutlich: «Und der HERR war mit Joseph, und er war ein Mann, dem alles gelang» (1Mo 39,2).

Josephs vorbildliche Einstellung und der Erfolg, den er bei jeder ihm anvertrauten Aufgabe zu haben schien, entgingen auch Potiphar nicht. «Er setzte ihn zum Aufseher über sein Haus und gab alles, was er hatte, in seine Hand» (1Mo 39,4). Heute würde man sagen: Joseph war ein Gewinnertyp! Er wechselte von der geringsten Einsteigerposition ins höhere Management.

Aber Josephs Erfolg basierte nicht auf der Kraft des positiven Denkens. Er kam direkt aus den Händen Gottes. Joseph setzte Gott an die erste Stelle in seinem Leben, und Gott kümmerte sich um den Rest. Zählen Sie einmal, wie oft Gott die Anerkennung für Josephs Erfolg bekommt.

- «Der HERR war mit Joseph» (39,2).
- «Der HERR war mit ihm» (39,3).
- «Der HERR liess in seiner Hand alles gelingen» (39,3).
- «Der HERR segnete das Haus des Ägypters um Josephs willen» (39,5).
- «Der Segen des HERRN war auf allem» (39,5).

Gott segnete Joseph für seine Treue, und Josephs Leben glich der Geschichte des Tellerwäschers, der zum Millionär wurde. Wer ihn kannte, wie er anfangs als 17 Jahre alter Sklave nach Ägypten kam, muss verblüfft gewesen sein. Jetzt hatte Joseph die Aufsicht über das Anwesen eines der mächtigsten ägyptischen Beamten. Auch physisch entwickelte er sich. Der unbeholfene Jugendliche, der nach Ägypten gekommen war, war mittlerweile «von schöner Gestalt und gutem Aussehen» (1Mo 39,6).

Gut aussehend ... erfolgreich ... selbstbewusst ... einnehmend. Josephs Qualitäten brachten ihm viele Bewunderer ein, einschliesslich einer, die besser weggeschaut hätte! Potiphars Frau «warf ihre

Augen auf Joseph» (1Mo 39,7). Subtilität gehörte nicht zu ihren Stärken. «Lege dich zu mir!», befahl sie (39,7). Sie machte Joseph ein Angebot, von dem sie meinte, er könnte es nicht ablehnen. Halten Sie einen Augenblick inne und versetzen Sie sich in Josephs Lage. In ihrer Familie gab es Polygamie, Inzest und Vergewaltigung. Nicht gerade die Art von Lebensgeschichte, die zu einem starken moralischen Charakter und dementsprechenden Überzeugungen führt. Der Gott, von dem Ihr Vater behauptete, er würde ihm dienen, hat es zugelassen, dass Sie als Sklave verkauft werden. Warum sollten Sie auf ihn noch hören? Sie haben hart gearbeitet, und Ihre Anstrengungen beginnen sich langsam auszuzahlen. Und nun fühlt sich eine mächtige Frau von Ihnen sexuell angezogen. Sie will Sie! Sie *braucht* Sie! Befriedigen Sie sie und sie könnte Ihnen weitere Aufstiegsmöglichkeit bieten. Warum nicht? Jeder würde das tun.

Ich vermute, alle diese Gedanken gingen Joseph in nur wenigen Sekunden durch den Kopf, nachdem ihm diese Frau ein solch schamloses Angebot gemacht hatte. Joseph blinzelte ... schaute weg ... und lehnte ihr Angebot dann ab. Wies sie zurück. Unterbrach ihre Annäherungsversuche im Ansatz! Joseph bewahrte seine sexuelle Reinheit, indem er ein Angebot ablehnte, dem man nur schwer widerstehen konnte. Wie ist ihm das gelungen?

Die Bibel nennt zwei Gründe, weshalb Joseph sich weigerte, ein sexuelles Verhältnis mit der Frau Potiphars einzugehen. Der erste Grund hatte mit Vertrauen zu tun. Potiphar hatte Joseph grosse Verantwortung übertragen. «Mein Herr ... hat alles in meine Hand gegeben, was ihm gehört. ... Es gibt nichts, das er mir vorenthalten hätte, ausgenommen dich, weil du seine Frau bist!» (1Mo 39,8-9). Ein sexuelles Verhältnis mit dieser Frau hätte Potiphars Vertrauen in Joseph missbraucht. Joseph brachte es nicht fertig, dieses Vertrauen zu hintergehen.

Aber Joseph hatte einen zweiten Grund, weshalb er das Angebot dieser Frau zurückwies, einen noch zwingenderen Grund. «Wie sollte ich nun eine so grosse Missetat begehen und gegen Gott sündigen?» (1Mo 39,9). Bei der Schöpfung hat Gott seine Massstäbe für sexuelle Reinheit und eheliche Treue festgelegt. Ehebruch mit der Frau eines anderen zu begehen, war eine «grosse Missetat» und ein Verstoss gegen Gottes moralische Massstäbe. Und somit eine Sünde gegen Gott. Joseph sah ihr Angebot durch Gottes Augen, für ihn war es etwas Abstossendes. Indem er Gottes Massstäbe für moralisches Verhalten akzeptierte, sah Joseph in dem Angebot die Sünde, die es in Wirklichkeit war.

Wie hätten Sie reagiert, wenn Sie an Josephs Stelle dort gewesen wären? Übertragen wir die Szene einmal in die heutige Zeit, um sie für uns realistischer erscheinen zu lassen. Sie fliegen zu einem Vorstellungsgespräch in eine andere Stadt. Im Flugzeug unterhalten Sie sich mit ihrem Platznachbarn ... und finden diese Person charmant und geistreich – ganz zu schweigen von ihrem unglaublich guten Aussehen! Sie lächeln und verabschieden sich, während Sie die Gangway in Richtung Terminal gehen.

Stellen Sie sich vor, wie überrascht Sie später sind, wenn Sie dieser Person wieder begegnen ... in der Eingangshalle des Bürogebäudes, wo Sie Ihr Vorstellungsgespräch haben. Und dann erfahren Sie, dass diese Person Leiter der Personalabteilung des Unternehmens ist. Ihr Treffen verläuft höchst erfolgreich, und anschliessend werden Sie zum Essen eingeladen. Das Essen ist wunderbar, die Unterhaltung entspannt und freundlich. Sie geniessen es so sehr, dass es Sie kaum überrascht, als Sie bemerken, dass die Ihnen gegenübersitzende Person nicht nur herzlich, freundlich und verheiratet ist, sondern auch äusserst wohlhabend ... und einsam.

Während die Kerzen sanft flackern, berührt Ihr Gastgeber Ihre Hand und streichelt sie. Beinahe flüsternd sagt er: «Mir ist es fast peinlich, es Ihnen zu sagen, aber Sie sind unglaublich sexy und attraktiv. Ich fühle mich körperlich zu Ihnen hingezogen. Ich weiss, das klingt etwas vorschnell, aber ich würde sehr gerne die Nacht mit Ihnen verbringen.»

Sie haben nichts zu verlieren. Sie geniessen es, mit diesem Menschen zusammen zu sein. Sie wissen, diese Nacht könnte Ihnen grosse Aufstiegschancen eröffnen. Keiner Ihrer Freunde wird es jemals erfahren. Wo können Sie Ihren moralischen Anker auswerfen, der Ihnen Stabilität gibt, während das Meer sexueller Fantasien um Sie herum aufgewühlt wird? Joseph lehrt uns, dass unser moralischer Anker auf dem Grund der absoluten Massstäbe Gottes ruhen muss. Sexuelle Unmoral ist falsch, und wer sie begeht, sündigt gegen Gott.

JOSEPH GING VERFÜHRERISCHEN SITUATIONEN AUS DEM WEG

Frage: Wie schluckt man einen Elefanten?
Antwort: Ein Biss nach dem anderen.

Unsinnige Aussagen enthalten manchmal viel Wahrheit. Positiv ausgedrückt: Man kann eine Sache, die zu schwer erscheint, oft schaffen, indem man sie in kleinere Stücke unterteilt. Als ich mit dem Schreiben dieses Buches begann, war ich vom Umfang des Themas zunächst entmutigt. Doch als ich beschloss, das Projekt «kapitelweise» in Angriff zu nehmen, kam es schliesslich zustande.

Aber diese Wahrheit hat auch eine andere Seite. Christen, die womöglich niemals bereit wären, sich vollständig in ein sündiges Leben zu stürzen, werden oftmals von einem «Biss nach dem anderen» in diese Sünde gelockt. Wenige Menschen fallen von einem sexuell reinen Leben direkt in grobe sexuelle Unmoral. Kleine Entscheidungen ebnen den Weg zu sexueller Unmoral ... kleine Kompromisse ... kleine Schritte, die einen näher an den Rand bringen. Die grossen Versuchungen sind leicht zu erkennen, schrittweise Kompromisse sind meist subtiler.

Joseph sagte nein zu Potiphars Frau, aber sie weigerte sich, diese Antwort hinzunehmen. Ihre Devise dürfte gewesen sein: «Wenn man nicht gleich Erfolg hat, versuche es immer wieder!» «Tag für Tag» machte sie ihm dasselbe Angebot (1Mo 39,10). Ich nehme an, sie versuchte es immer ein bisschen anders. An einem Tag trug sie ihr freizügigstes Kleid ... am nächsten verwendete sie besonders viel Zeit für ihr Make-up ... am übernächsten griff sie zum lieblichsten Parfum ... ein andermal versuchte sie es mit einer leichten Berührung, während sie ihm etwas ins Ohr flüsterte. Die Methoden variierten, aber das Angebot war stets dasselbe. «Lege dich zu mir!» Potiphars Frau wollte Joseph unbedingt bekommen ... selbst wenn sie ihn einen «Biss nach dem anderen» schlucken musste.

Joseph hatte ein Problem! Die sexuelle Versuchung war immer da ... immer unwiderstehlich. Aber Joseph hörte «nicht auf sie, dass er sich zu ihr gelegt oder sich an ihr vergangen hätte» (1Mo 39,10). Seine Strategie, ihre Annäherungsversuche abzuwehren, bestand darin, sie abzuweisen und ihr aus dem Weg zu gehen.

Wäre die Gefahr sexueller Sünde nicht so ernst, könnten wir Josephs Handeln fast lustig finden. Joseph änderte seinen ganzen Zeitplan, um mit Potiphars Frau nicht allein in einem Raum sein zu müssen. Wenn sie das Küchenpersonal beaufsichtigte, sah Joseph nach dem Vieh. Wenn sie in den Garten ging, fand er einen Grund, ins Haus zu gehen und die Lagerbestände zu überprüfen. Joseph war ein weiser Mann!

In einer Gesellschaft, in der es vor sexuellen Bildern und Angeboten nur so wimmelt, können wir leicht einen «Biss nach dem anderen» in die Sünde gezogen werden. Manche, die mit Pornografie zu kämpfen haben, greifen immer wieder auf Webseiten zurück, die freizugängliche pornografische Bilder und Videos anbieten. Andere bleiben stehen und sehen sich die Magazine in den Geschäften an. Sie überfliegen die Regale ... ihre Augen suchen nach Zeitschriften, die schnelle Erregung, aber keine dauerhafte Befriedigung bringen. Wieder andere schauen sich die täglichen Seifenopern im Fernsehen an und verwechseln echte romantische Liebe mit geschmacklosen Affären und oberflächlichen körperlichen Beziehungen.

Was ist so gefährlich daran, sich sexuell eindeutige Bilder oder eine freizügige Sexszene in einem beliebten Film anzuschauen oder so etwas in einem Roman zu lesen? Es ist ja nicht so, als hätten wir selbst eine Affäre, oder? Doch! Sexuelle Unmoral beginnt in den Gedanken. Erst dulden wir sie ... dann geniessen wir sie ... dann sehnen wir uns danach ... und schliesslich suchen wir nach Erfahrungen, die Gott der Ehe vorbehalten hat.

Jesus wusste, dass sexuelle Reinheit (und Unmoral) in den Gedanken und im Herzen anfängt. Deshalb sagte er: «Ihr habt gehört, dass zu den Alten gesagt ist:»Du sollst nicht ehebrechen!« Ich aber sage euch: Wer eine Frau ansieht, um sie zu begehren, der hat in seinem Herzen schon Ehebruch mit ihr begangen» (Mt 5,27-28). Die Einstellung geht der Tat voraus. Manchmal ist die beste Verteidigung gegen sexuelle Versuchung, Situationen zu vermeiden, in denen wir versucht werden können.

Um seine Gedanken rein zu halten, ging Joseph Situationen aus dem Weg, in denen er versucht werden konnte. Vermeidung ist eine gute Methode, um sexuell rein zu bleiben. Nur Sie und Gott kennen die speziellen Bereiche, wo Sie sexuelle Probleme haben. Geben Sie Ihre Schwäche zu und versprechen Sie, sich nie an einen Ort zu begeben, an dem Sie in diesem Bereich versucht werden können. Das kann bedeuten, dass Sie woanders einkaufen gehen müssen, andere Sendungen im Fernsehen anschauen, Ihren Computer an einen anderen Ort stellen oder neue Urlaubsziele ansteuern. Das ist aber nur ein kleiner Preis, den Sie für sexuelle Reinheit zahlen.

JOSEPH WEIGERTE SICH, DER SÜNDE NACHZUGEBEN

Josephs Plan, verführerische Situationen zu vermeiden, war von Grund auf richtig. Unter normalen Umständen würden solche Vorsichtsmassnahmen zu sexueller Reinheit beitragen. Aber Potiphars Frau war alles andere als normal. Joseph war ein schwer fassbares Ziel, aber sie war hartnäckig ... und gerissen. Diese listige Frau stellte Joseph eine Falle. Als erstes schickte sie alle Bediensteten aus dem Haus. Ich schätze, sie sandte einige auf den Markt ... andere auf die Felder ... und wieder andere zu unbedeutenden, aber zeitraubenden Besorgungen. Joseph hätte nicht die Möglichkeit gehabt, sich zu einem Knecht zu flüchten. Nein, dieses Mal würden nur sie und Joseph im Haus sein ... und sie würde ihn ganz für sich haben.

«Es geschah aber an einem solchen Tag, als er [Joseph] ins Haus kam, um seine Arbeit zu tun, und niemand von den Leuten des Hauses anwesend war» (1Mo 39,11). Der Klang von Josephs Sandalen in den leeren Fluren hallte in seinen Ohren wider. Im Haus war es still ... zu still. Anfangs hatte sich Joseph so sehr auf seine Pflichten konzentriert, dass ihm die Stille gar nicht aufgefallen war. Nun aber liess ihn die unheimliche Stille stehen bleiben ... und hinhören. Nicht ein Geräusch.

Joseph legte seine Arbeit beiseite und begann vorsichtig durch das Haus zu gehen. Wo waren die Knechte? Warum wurde nicht gearbeitet? Wer hatte den Plan geändert? Er war so sehr mit diesen Gedanken beschäftigt, dass er den Schatten nicht bemerkte, der über die offene Tür vor ihm huschte.

Joseph schreckte auf, als zarte und doch kräftige Hände die Schultern seines Leinenumhangs packten und ihn zogen. Als das Gewand von seinem Körper riss und seine Nacktheit entblösste, hörte er eine sinnlich fordernde Stimme aus dem Schatten. «Lege dich zu mir!» (1Mo 39,12).

Als er sich umdrehte, erkannte Joseph Potiphars Frau. Ihr verführerisches Kleid und ihre anzüglichen Blicke liessen keinen Zweifel an ihren Absichten. Sie wollte Sex mit Joseph. Jetzt – zu ihren Bedingungen und in ihrem Bett! Joseph sass in der Falle. Seiner Kleidung beraubt. Allein im Haus. Vor sich eine Frau, die verrückt war vor Leidenschaft.

Manche würden sagen: «Warum dagegen ankämpfen?» Josephs Lösung war schnell, dramatisch ... und effektiv! «Er aber liess das Obergewand in ihrer Hand und floh und lief hinaus» (1Mo 39,12). Lauf! Flieh! Nichts wie weg! Nur raus hier! Seine Füsse kamen richtig in die Gänge und er stellte einen ägyptischen Rekord im 100-Meter-Lauf auf. Und das machte ihn zum weltweit ersten «Flitzer» – er lief fort, ohne mit der Frau um seine Kleidung zu kämpfen, die sie ihm vom Leib gerissen hatte.

Wenn unvorhergesehene sexuelle Versuchungen Sie unvorbereitet treffen, dann analysieren Sie die Situation nicht erst lange ... und gehen Sie vor allem keine Kompromisse ein. Fliehen Sie! Sofort! Der Apostel Paulus mag an Joseph gedacht haben, als er über sexuelle Versuchungen schrieb. Um seine sexuelle Reinheit zu bewahren, muss man *fliehen* ... so wie Joseph es tat. Paulus nahm kein Blatt vor den Mund. Sein Rat an die Gläubigen, die im moralischen Sumpf namens Korinth lebten, war: «Flieht die Unzucht!» (1Kor 6,18). Über ein Jahrzehnt später gab er seinem jungen Schützling Timotheus denselben Rat: «So fliehe nun die jugendlichen Lüste» (2Tim 2,22).

Was ist das Geheimnis sexueller Reinheit? Beginnen Sie damit, Gottes Massstäbe zu Ihren eigenen zu machen. «Wisst ihr denn nicht, dass Ungerechte das Reich Gottes nicht erben werden? Irrt euch nicht: Weder Unzüchtige ... weder Ehebrecher noch Weichlinge, noch Knabenschänder ... werden das Reich Gottes erben» (1Kor 6,9-10). Gott verurteilt alle Formen sexueller Unmoral. Stimmen Sie Gott zu, dass sexuelle Reinheit der einzig annehmbare Massstab ist ... und machen Sie sich ihn zu Eigen.

Wenn Sie sich verpflichtet haben, sexuell rein zu bleiben, was können Sie dann tun, um Ihr Gelübde zu halten? Erstens, folgen Sie Josephs Beispiel und vermeiden Sie verführerische Situationen. Seien Sie vorsichtig, welche Fernsehsendungen, Filme, Zeitschriften und Websites Sie sich anschauen. Lassen Sie es nicht zu, dass Sie in Situationen kommen, in denen Sie in Versuchung geraten. Zweitens, wenn Sie dennoch in eine Situation kommen, in der Sie versucht werden, dann fliehen Sie! Stehen Sie auf, gehen Sie weg und bringen Sie so viel Distanz zwischen sich und die Versuchung wie möglich. Gestatten Sie es der Versuchung nicht, sich in Ihre Gedanken einzunisten.

WAS IST, WENN SIE SCHON VERSAGT HABEN?

Ich bin realistisch genug, um zu wissen, dass meine Worte für einige von Ihnen zu spät kommen, um Sie vor sexueller Unreinheit zu bewahren. Einige unter Ihnen haben ein Problem mit Pornografie. Andere tragen die Last früherer sexueller Unmoral mit sich herum, inklusive vorehelichen Geschlechtsverkehrs oder ehebrecherischen Affären nach der Hochzeit. Was können Sie tun, wenn Sie Gottes Grenze bereits überschritten und die verbotene Zone sexueller Unmoral betreten haben?

1. Machen Sie sich bewusst, dass Gott alle Sünde vergeben kann und das auch tut ... einschliesslich der Sünde sexueller Unmoral. Unsere Verantwortung ist es, unsere Sünde zu bekennen ... vor Gott einzugestehen, dass wir im Unrecht sind und er Recht hat. «Wenn wir aber unsere Sünden bekennen, so ist er treu und gerecht, dass er uns die Sünden vergibt und uns reinigt von aller Ungerechtigkeit» (1Jo 1,9). Warum legen Sie das Buch nicht jetzt beiseite und bekennen Sie Ihrem himmlischen Vater Ihre Sünden? Wenn Sie das tun, wird er Ihnen vergeben.

2. Nehmen Sie sich in Ihrem Herzen vor, den Rest Ihres Lebens sexuell rein zu bleiben. Sie können Ihre Vergangenheit nicht unge-

schehen machen ... aber Sie können die Richtung bestimmen, die Sie zukünftig einschlagen. Folgen Sie dem Beispiel Josephs und verpflichten Sie sich, rein zu bleiben, versuchende Situationen zu meiden und vor direkten Versuchungen zu fliehen.

3. Füllen Sie Ihre Gedanken mit dem Wort Gottes. Eine traurige Tatsache über sexuelle Unmoral ist, dass sich sexuelle Bilder in unseren Kopf eingebrannt haben. Pornografische Magazine, freizügige Filme und ausserehelicher sexuelle Begegnungen hinterlassen bleibende Erinnerungen ... und diese Erinnerungen können eine so starke Versuchung für Sie darstellen, wie es Potiphars Frau für Joseph war.

Gott hält eine Lösung bereit für die «Verschmutzung der Gedanken», unter der Sie möglicherweise schon leiden ... die reinigende Kraft seines Wortes. «Und passt euch nicht diesem Weltlauf an, sondern lasst euch in eurem Wesen verwandeln durch die Erneuerung eures Sinnes» (Röm 12,2).

Füllen Sie Ihre Gedanken mit dem Wort Gottes und nehmen Sie es in Ihr Herz auf. Das ist Gottes Methode, um Ihre Gedanken von dem Giftmüll zu reinigen, den frühere unmoralische Taten zurückgelassen haben. Psalm 119 handelt vom Segen des Wortes Gottes, vor allem, wenn man Herrschaft über Versuchung und Sünde gewinnen will. «Wodurch wird ein Jüngling seinen Pfad in Reinheit wandeln? Indem er sich bewahrt nach deinem Wort» (119,9; Elberfelder 2003). «Dein Wort ist meines Fusses Leuchte und ein Licht auf meinem Weg» (119,105). «Mache meine Schritte fest durch dein Wort, und lass nichts Böses über mich herrschen!» (119,133). Sie werden von den Erinnerungen an frühere unmoralische Taten verfolgt? Fangen Sie an, Ihre Gedanken mit dem Wort Gottes zu füllen, so werden sie gereinigt.

4. Denken Sie daran, dass Sünde Konsequenzen nach sich zieht. Gott kann Ihre früheren Sünden vergeben ... aber Vergebung beseitigt nicht immer die Folgen der Sünde. Wenn Sie ein sexuelles Verhältnis mit jemandem haben, mit dem Sie nicht verheiratet sind,

dann ist das Sünde. Gott kann diese Sünde vergeben. Sollten Sie sich aber mit AIDS oder einer anderen durch Geschlechtsverkehr übertragenen Krankheit angesteckt haben, wird Gott sie Ihnen nicht automatisch wegnehmen, wenn Sie die Sünde bekennen. Wenn Sie jemanden vergewaltigt haben, können Sie dafür Gottes Vergebung empfangen, aber Gott hat auch die menschliche Regierung eingesetzt ... und die wird Sie für Ihr Verbrechen zu einer Gefängnisstrafe verurteilen.

Sexuelle Sünde ist eine ernste Sache, und die Konsequenzen können noch lange anhalten, nachdem Sie die Sünde bekannt und Vergebung empfangen haben. Wenn Sie gesündigt und es vor Gott bekannt haben, könnte Ihre Sünde möglicherweise zur Folge haben, dass Ihr zukünftiger Dienst für Gott eingeschränkt ist. Seien Sie damit zufrieden, Gott in dem Rahmen zu dienen, den er Ihnen in seiner Gnade gibt. Machen Sie sich auch bewusst, dass Sie sich das Vertrauen derer, die Sie durch frühere Fehltritte am meisten verletzt haben, erst wieder erarbeiten müssen. Geben Sie anderen Rechenschaft über das, was Sie tun, und erweisen Sie sich als zuverlässig. Vertrauen zurückzugewinnen, ist ein langsamer Prozess ... aber das Ergebnis ist die Mühe wert.

NACHDENKEN UND ANWENDEN

Sexuelle Reinheit gehört zu den entscheidenden Merkmalen eines treuen Kindes Gottes. Aber viele Christen haben damit zu kämpfen, sexuell rein zu bleiben.

1. Ein Grundsatz des heutigen Computerzeitalters ist: «Müll rein, Müll raus.» Womit Sie Ihre Gedanken füllen, zeigt sich schliesslich in Ihrem Leben. Haben Sie Probleme mit Pornografie? Welche Art von Zeitschriften oder Filme lesen bzw. sehen Sie? Wäre es Ihnen peinlich, wenn Jesus neben Ihnen sitzen würde, wenn Sie etwas lesen, im Fernsehen anschauen oder eine Webseite aufrufen? Meiden Sie alle Zeitschriften, Fernsehprogramme und Internetseiten, die den Jesus-Test nicht bestehen.

2. Stehen Sie zurzeit in sexueller Versuchung? Was genau können Sie tun, um diesen Situationen aus dem Weg zu gehen? Suchen Sie jemanden auf, dem Sie vertrauen können, und bitten Sie ihn, Ihnen in diesem Bereich zu helfen.

3. Haben Sie in der Vergangenheit sexuelle Unmoral begangen? Haben Sie Ihre Sünde vor Gott bekannt? Verpflichten Sie sich in diesem Augenblick, Ihr restliches Leben in sexueller Reinheit zu führen.

4. Lernen Sie 1. Korinther 6,18 auswendig und bitten Sie Gott, Ihnen die Fähigkeit zu schenken, von jetzt an vor jeglicher sexueller Unmoral zu fliehen.

«Der Leib aber ist nicht für die Unzucht, sondern für den Herrn, und der Herr für den Leib.» (1Kor 6,13b)

WENN GOTT UNS HARTE WEGE GEHEN LÄSST,
GIBT ER UNS AUCH FESTE SCHUHE.

– *Corrie ten Boom*

9. ES MANGELT AN NICHTS – Durchhalte- vermögen

RUDY

Daniel «Rudy» Ruettiger wechselte zur Notre-Dame-Universität und versuchte sich dort als Spieler des Notre-Dame-Football-teams. Seit seiner Kindheit hatte Rudy davon geträumt, für Notre Dame zu spielen. Jetzt wollte er jedem beweisen, dass er nicht nur träumen, sondern auch handeln konnte.

Weder die Trainer noch die Spieler glaubten, dass Rudy es bringen würde. Er war zu klein, zu langsam ... zu durchschnittlich, um eine Chance zu haben, ins Team zu kommen. Aber Rudy zeigte allen, dass sie Unrecht hatten. Sein Mut, seine Entschlossenheit und sein Herz glichen seine Grösse und seine begrenzten athletischen Fähigkeiten mehr als aus. Rudy schaffte es ins Scout-Team ... die Gruppe von Unbekannten, denen die undankbare Aufgabe zufiel, der ersten Mannschaft bei der Vorbereitung auf das wöchentliche Spiel zu helfen. Bessere Tackling-Partner!

Rudy ging in seiner Rolle ganz auf. Obschon er nur einen Bruchteil der athletischen Fähigkeiten der Startspieler vorzuweisen hatte, strengte er sich doppelt so sehr an. Seine Beharrlichkeit und Ambition inspirierten andere Teammitglieder. Zwei Jahre lang diente er im Scout-Team. Mit blauen Flecken, völlig ramponiert, böse zugerichtet ... aber nie mit gebrochenem Geist. Rudy lebte seinen Traum.

In seinem Oberstufenjahr überredeten die Startspieler den Trainer vor dem Endspiel, Rudy zu erlauben, sich für das Spiel anzuziehen. In den letzten Sekunden schickte der Trainer ihn von der Ersatzbank aufs Feld, und Rudy machte einen spektakulären Spielzug. Nach dem Spiel trugen die anderen Spieler Rudy auf ihren Schultern vom Feld. Rudy war ein Sieger!

Rudy Ruettigers inspirierende Geschichte berührt einen Punkt in unseren Herzen. Wir *mögen* Geschichten von Personen, die trotz aller Widrigkeiten durchhalten ... die nicht aufgeben und grosse Hindernisse überwinden. Rudys wahre Geschichte würde einen tollen Film abgeben. Und als Redner und Trainer motiviert er auch *heute noch* Menschen, ihr Bestes zu geben.

WAS STIMMT AN DIESEM BILD NICHT?

Wir lieben Geschichten von Menschen, die überwinden und durchhalten ... aber unsere Wahrnehmung ist oftmals verzerrt. Wir konzentrieren uns auf das «Happyend» und übersehen die Schmerzen und Kämpfe, die nötig waren, um dort hinzukommen. Wir stellen uns vor, wie wir auf den Schultern der anderen Spieler getragen werden und vergessen, dass Rudy zwei Jahre lang körperliche Strapazen und Prügel einstecken musste, um sich dieses Recht zu verdienen.

Ein bisschen von Walter Mitty steckt in uns allen. James Thurber ist der Erfinder der fiktionalen Figur von Walter Mitty, der die meiste Zeit seines tristen Lebens damit verbrachte, mit offenen Augen von grossen Heldentaten zu träumen ... mit ihm als Held, natürlich! Walter Mitty hatte grosse Träume, aber er überwand nie die Kluft zwischen Träumen und Handeln. Die Welt hat einen Überschuss an Walter Mittys ... und viel zu wenig Rudy Ruettigers.

MANCHMAL DIENT ES UNSEREM BIBELVERSTÄND-
NIS, WENN WIR GOTTES GEDANKEN IN DEN
HEUTIGEN SPRACHGEBRAUCH ÜBERSETZEN.

Was unterscheidet Träumer von Menschen, die handeln? Ein wesentlicher Unterschied ist Durchhaltevermögen. Wir alle träumen, aber nur wenige sind bereit, den Preis zu zahlen, um diese Träume auch wahr werden zu lassen. Wenn es anstrengend wird, hören die meisten einfach auf! Durchhaltevermögen ist die Fähigkeit, am Ball zu bleiben ... den Preis zu bezahlen ... weiterzugehen, wenn alle anderen sagen, es ist Zeit auszusteigen.

WENN ES ANSTRENGEND WIRD

Der Prophet Jeremia diente Gott in einer Zeit, in der die Propheten Gottes nicht beliebt waren. Die Menschen von Juda weigerten sich, auf Jeremias Bussaufruf zu reagieren. Einmal glaubte Jeremia, das Volk würde darauf reagieren. Aber Gott öffnete ihm die Augen für die harte Realität der menschlichen Sündhaftigkeit. «Ich aber war wie ein zahmes Lamm, das zur Schlachtbank geführt wird, und wusste nicht, dass sie solche Anschläge gegen mich schmiedeten» (Jer 11,19).

Der liebe Jeremia blickte plötzlich hinter die lächelnden Gesichter und begriff, was die Leute wirklich über ihn, seine Botschaft und seinen Gott dachten. Er schrie mutlos auf und Gott erinnerte ihn daran, wie wichtig Ausdauer ist. «Wenn du mit Fussgängern gelaufen bist und sie dich müde gemacht haben, wie willst du dann mit Rossen um die Wette laufen? Und wenn du dich nur in einem friedlichen Land sicher fühlst, was willst du tun im Dickicht des Jordan?» (Jer 12,5).

Manchmal dient es unserem Bibelverständnis, wenn wir Gottes Gedanken in den heutigen Sprachgebrauch übersetzen. Gott goss einen Eimer mit eiskalter Realität über Jeremia aus und sagte: «Jeremia, wenn du schon Probleme mit dem Boston Marathon hast, was machst du dann erst, wenn ich dich beim Kentucky Derby anmelde? Wenn du schon auf felsigen Strassen stolperst, was machst du, wenn ich dir eine Machete in die Hand drücke und du dir deinen Weg durch dichten Dschungel schlagen musst? Bereite dich darauf vor, Jeremia. Es wird noch härter, bis es wieder besser wird!»

Wie würden Sie sich fühlen, wenn Sie Jeremia wären? (Alle, die jetzt sagen: «Grossartig!», müssen noch einmal zurückblättern und das Kapitel über Ehrlichkeit lesen!) Keiner von uns mag Schmerzen, Kämpfe oder Entbehrungen. Aber manchmal ist es die einzige Möglichkeit, wie Gott sein Werk in uns tun kann ... und uns gebrauchen kann, um Einfluss auf andere zu haben.

MIR IST WOHL

In der Eingangshalle des American Colony Hotels in Jerusalem hängt ein handgeschriebenes Gedicht. Weder der Schreibkunst noch dem Papier verdankt dieses Gedicht seinen besonderen Platz an der Wand. Sein Verfasser, Horatio Spafford, kritzelte die Worte auf ein leeres Blatt Schreibpapier des Hotels. Das Gedicht ist aufgrund seiner erhabenen Gedanken etwas Besonderes ... und wegen der Umstände, die zu seiner Niederschrift führten.

Philip Bliss vertonte die Worte später, und das Lied: «It Is Well with My Soul», bleibt ein klassisches christliches Lied der Hoffnung. Von allen christlichen Liedern, die ich kenne, berührt dieses einfache Lied von Spafford und Bliss meine Seele wie kein anderes. Was Spafford zum Schreiben der Worte veranlasste ... und wie sie schliesslich an die Wand der Eingangshalle dieses angesehenen Jerusalemer Hotels kamen, ist eine faszinierende Geschichte.

Horatio Spafford lebte im späten 19. Jahrhundert in Chicago. Freunde beschrieben ihn als einen Familienmenschen, einen Rechtsanwalt und einen Christen. Doch in nur zwei kurzen Jahren musste dieser christliche Gentleman erleben, wie seine Welt zusammenbrach. Im Oktober 1871 zerstörte der grosse Brand von Chicago das Geschäftsviertel der Stadt ... einschliesslich Spaffords Anwaltskanzlei. Das Feuer richtete auch Chicagos Wirtschaft zugrunde und bedrohte mehrere Immobilienunternehmen, in die Spafford grössere Summen investiert hatte. Ein Jahr später gingen diese Unternehmen bankrott. Sowohl das Feuer als auch der Einbruch des

Immobilienmarkts bedeuteten für Horatio Spafford einen hohen finanziellen Schaden. Aber das Schlimmste stand noch bevor.

Spafford schickte seine Frau und seine vier Kinder auf eine Reise nach Europa, während er versuchte, seine persönlichen Finanzen wieder in Ordnung zu bringen. Seine Familie lief mit der *Ville du Havre* aus, einem der bedeutendsten Passagierschiffe, die den Atlantik überquerten. Doch am 21. November 1873 stiess die *Ville du Havre* mit einem anderen Schiff zusammen und sank im kalten Wasser des Nordatlantiks. Spaffords Frau überlebte den Untergang auf wundersame Weise ... aber alle vier Kinder ertranken im Meer. Das Telegramm, das Spafford von seiner Frau erhielt, beschrieb ihren grossen Verlust in nur wenigen einfachen Worten: Allein gerettet. Was soll ich tun.

Kurz nachdem Spafford das Telegramm empfangen hatte, reiste er mit dem Zug an die Ostküste, um einen Platz auf dem nächstmöglichen Schiff zu buchen. Er wollte ... er musste ... in dieser schweren und notvollen Zeit bei seiner Frau sein. Auf der Reise über den Atlantik liess der Kapitän Spafford in seine Kabine rufen, als das Schiff die Stelle erreichte, wo die *Ville du Havre* untergegangen war.

Versetzen Sie sich einmal in Horatio Spaffords Lage. Voller Trauer. Allein. Finanziell am Ende. Körperlich und emotional erschöpft. Wie würde es Ihnen unter den Hammerschlägen gehen, die er erdulden musste? Wären Sie noch in der Lage, aufrecht zu stehen, wenn das ganze Leben über Ihnen zusammenstürzt und jede Stütze wegbricht?

Horatio Spafford hinterliess uns zwei geschriebene Dokumente, die als Fenster in seine Seele in dieser dunklen, einsamen Zeit dienen. Das erste ist ein Brief, den er an eine Schwägerin schrieb.

«Am letzten Donnerstag haben wir die Stelle ihres Untergangs passiert, mitten auf dem Ozean, wo das Wasser fünf Kilometer tief ist. Aber ich denke nicht daran, dass unsere Lieben dort sind. Sie sind sicher in der Hürde, die teuren Lämmlein, und dort werden auch wir bald sein. Bis dahin danke ich Gott, dass wir die Gelegenheit haben, ihm für seine Liebe und Gnade zu uns und den unseren zu dienen und ihn zu preisen. ‚Ich will dem HERRN singen mein Leben lang, meinem Gott lobsingen, solange ich bin.' Mögen wir uns alle erheben, alles hinter uns lassen und ihm nachfolgen.»[13]

Halten Sie für ein paar Sekunden inne und lesen Sie die Worte noch einmal ... langsam. Wie konnte Horatio Spafford in einer solch furchtbaren Zeit von «Liebe», «Gnade» und «Lob» sprechen? Wie war er dazu fähig, Gott in seinem persönlichen Schmerz zu danken? Wie konnte er solches Leid ertragen ... und dann noch aus einer Tragödie einen Sieg machen?

Spafford gibt sein Geheimnis in seiner anderen Aufzeichnung preis ... seinem Gedicht, das nun in der Hoteleingangshalle hängt. In diesem Gedicht öffnete Spafford sein Herz und drückte seine Gedanken in Versen aus. Stellen Sie sich einen Moment lang vor, Sie wären Horatio Spafford, und lesen Sie diese Worte, als hätten Sie sie gerade mit Ihrem Füllfederhalter auf ein Blatt Papier aus dem Hotel geschrieben.

Wenn Friede mit Gott meine Seele durchdringt,
ob Stürme auch drohen von fern,
mein Herze im Glauben doch allezeit singt:
Mir ist wohl, mir ist wohl in dem Herrn.
Wenn Satan mir nachstellt und bange mir macht,
so leuchtet dies Wort mir als Stern:
Mein Jesus hat alles für mich schon vollbracht.
Ich bin rein durch das Blut meines Herrn.

Die Last meiner Sünde trug Jesus das Lamm,
und warf sie weit weg in die Fern'.

Er starb ja für mich auch am blutigen Stamm.
Meine Seele lobpreiset den Herrn.

O eile, mein Herr, und lass kommen den Tag;
Mein Glaube sieht ihn schon von fern.
Die Wolken vergeh'n, die Trompete erschallt.
Halleluja, ich bin bei dem Herrn. [14]
(Deutsche Übersetzung von Theodor Kübler. Die dt. Version heisst:
Wenn Friede mit Gott meine Seele durchdringt.)

Wie konnte Spaffords Reaktion so sehr von Sicherheit, Freude und Frieden geprägt sein? Das war nicht natürlich. Gott hatte ihn *gelehrt* zu sagen: «Mir ist wohl in dem Herrn.» Er hielt durch, weil er Gottes Absicht, Bewahrung und Plan in den Ereignissen erkannte, die überall um ihn herum ausser Kontrolle zu geraten schienen.

RECHT SO, DU GUTER UND TREUER KNECHT!

Vor einigen Jahren hörte ich von Spaffords unvergleichlichen Worten, und meine Augen wurden feucht, während sich in meinem Hals ein Kloss bildete. Ich hatte gerade eine Grabrede für Bob Sturges gehalten, einen lieben Freund, der bei einem Autounfall gestorben war, und nach mir sang ein Solist das Lied: «It Is Well with My Soul.» Ich sass auf dem Podium und schaute in die Menge der Trauergäste, aber meine Augen wanderten zurück zu dem geschlossenen Sarg direkt unter mir. Ich starrte auf die Holzkiste, in der sich die irdischen Überreste eines bemerkenswerten Mannes befanden. Es schien, als wäre ein Grossteil von Odessa, Texas, derselben Ansicht wie ich, denn die Kirche war voller Freunde, die gekommen waren, um Abschied zu nehmen.

Was war an diesem Mann, dass er eine solche Wirkung auf andere hatte? Aufgrund meiner Erfahrungen war ich mir sicher, dass es Bobs Charakter und Integrität waren. Er war ruhig ... bescheiden ... demütig ... mitfühlend ... fürsorglich ... sorgfältig. Als ich vor dem Gottesdienst in einigen Karten und Briefen las, fielen mir Ausdrücke auf wie «eine Inspiration für Lehrer», «ein Vorbild für andere», «er hat mich beeinflusst» und «er machte anderen Mut.»

Dieser liebe Gläubige und seine wunderbare Frau hatten Einfluss auf andere, weil sie konsequent für Jesus Christus lebten. In guten Zeiten ... und in schlechten. In angenehmen Zeiten ... und in schweren. In leichten Zeiten ... und in mühevollen. In Zeiten der Freude ... und des Leids. Sie hielten aus ... und triumphierten! Zwei Tage vor dem Unfall, bei dem er sein Leben verlor, sprach Bob mit einem Freund über seine Ansicht, dass wir uns tagtäglich auf die Ewigkeit vorbereiten ... und er war vorbereitet. Ähnlich wie Henoch im Alten Testament lebte er «mit Gott, und er war nicht mehr, denn Gott hatte ihn hinweggenommen» (1Mo 5,24).

Bobs Leben könnte in ein paar Worten zusammengefasst werden. Er hielt durch ... gab nicht auf ... und triumphierte. Menschlich gesehen endete sein Leben abrupt – ganz unvermittelt. Aber Gott macht keine Fehler. Dieser Mann Gottes lebte jeden Augenblick seines Lebens, als wäre es sein letzter, und er war bereit, als Gott ihn in den Himmel rief. Während ich in der Kirche auf dem Podium sass, wischte ich mir eine Träne von der Wange und dachte an die ersten Worte, die er möglicherweise hörte, als er im Himmel seine Augen aufschlug. Es könnten Worte wie diese gewesen sein: «Recht so, du guter und treuer Knecht! ... geh ein zur Freude deines Herrn!» (Mt 25,21).

DIE BEWÄHRUNG EURES GLAUBENS

Jakobus, der Halbbruder unseres Herrn Jesus Christus, begann seinen Brief mit überraschenden Worten. Zu Gläubigen, die

Schmerz und Leid zu ertragen hatten, sagte er: «Meine Brüder, achtet es für lauter Freude, wenn ihr in mancherlei Anfechtungen geratet, da ihr ja wisst, dass die Bewährung eures Glaubens standhaftes Ausharren bewirkt. Das standhafte Ausharren aber soll ein vollkommenes Werk haben, damit ihr vollkommen und vollständig seid und es euch an nichts mangelt» (Jak 1,2-4).

Die Bewährung des Glaubens bringt Durchhaltevermögen hervor, und das führt zu Reife. Jakobus erinnerte seine Leser daran, dass die richtige Reaktion auf Probleme zu geistlicher Reife führt. Ausharren ist ein Prozess, der dem Charakter Tiefe verleiht. Doch Worte allein können hohl klingen. Wenn Menschen lebensbedrohliche Situationen durchzustehen haben, brauchen sie oft konkrete Bilder, die ihnen helfen, sich auf das Wesentliche zu konzentrieren.

Jakobus war sich bewusst, dass seine Leserschaft sehen musste, wie Gottes Wahrheit im Leben seiner Nachfolger zum Ausdruck kam. Im späteren Verlauf seines Briefes wies er seine Leser auf Beispiele aus Fleisch und Blut hin, die Geduld und Durchhaltevermögen bewiesen hatten. «Meine Brüder, nehmt auch die Propheten, die im Namen des Herrn geredet haben, zum Vorbild des Leidens und der Geduld. Siehe, wir preisen die glückselig, welche standhaft ausharren! Von Hiobs standhaftem Ausharren habt ihr gehört, und ihr habt das Ende gesehen, das der Herr für ihn bereitet hat» (Jak 5,10-11).

Viele von uns haben von «Hiobs Geduld» gehört, wie es in der Schlachter Bibel von 1951 heisst. Als ich Griechisch studierte, erfuhr ich, dass Jakobus eigentlich von «Hiobs standhaftem Ausharren» sprach. Jakobus verwendete zwei verschiedene Worte für «Geduld» und «Ausharren.» «Die Propheten, die im Namen des Herrn geredet haben», bewiesen «Geduld» und Hiob «Ausharren.» Seien wir doch ehrlich, Hiob war nicht immer geduldig! Aber er ist ein Vorbild für Durchhaltevermögen. Lassen Sie uns den Aschenhaufen aufsuchen, um etwas Zeit mit Hiob und seinen Freunden zu verbringen.

DAS AUSHARREN HIOBS

Die meiste Zeit seines Lebens hatte Hiob Macht und Wohlstand. Er diente als Modell für die «Person des Jahres» des *Time*-Magazins, noch bevor es diese Zeitschrift überhaupt gab. Zu einer Zeit, als die Gesellschaft Reichtum nach dem Viehbestand beurteilte, beherrschte Hiob den Viehmarkt. Ihm gehörten 7.000 Schafe (mit denen er den Bekleidungsmarkt überschwemmte), 3.000 Kamele (er hatte das Beförderungsgeschäft in der Hand) und 500 Joch Rinder und 500 Eselinnen (er beherrschte den Bereich Ackerbau und Viehzucht). Kurz gesagt: «Der Mann war grösser als alle Söhne des Ostens» (Hi 1,3).

Doch während sich viele ihren Weg an die Spitze durch halbseidene Geschäfte oder zu Lasten anderer bahnen, schaffte es Hiob, den Gipfel des Erfolgs zu erreichen und gleichzeitig seine Integrität zu bewahren. Er «war ein untadeliger und rechtschaffener Mann, der Gott fürchtete und das Böse mied» (Hi 1,1). Ein ehrlicher Geschäftsmann. Ein treuer Ehemann. Ein guter Vater. Hiob war schon fast zu gut, um ein echter Mensch zu sein, als der Teufel Gott zu überreden versuchte.

An einem tragischen Tag geschah es dann. In den ersten beiden Kapiteln des Buches erfahren wir, dass Hiob ein Präzedenzfall war im kosmischen Kampf zwischen Gott und dem Teufel. Der Teufel stellte Hiobs Motive in Frage ... und den Wert Gottes, Anbetung zu empfangen. «Hiob hält nur an dir fest, weil du ihm deinen Segen gibst», beschuldigte er ihn. «Nimm die Segnungen weg und du wirst sehen, wie viel du ihm wirklich Wert bist.» Gott erlaubte es dem Teufel, Hiob zu prüfen ... und Hiob wusste nicht, was hinter seinem Unglück steckte!

Innerhalb von wenigen Stunden wurde aus einem Fürsten ein Bettelmann. Bevor ein Bote mit seiner katastrophalen Nachricht fertig war, erreichte Hiob ein weiterer mit noch schlechteren Neuigkeiten. Fremde Eindringlinge hatten alle Rinder und Esel gestohlen. Ein aussergewöhnlich schweres Unwetter hatte alle Schafe getötet. Fremde Eindringlinge hatten alle Kamele geraubt. Ein heftiger Wind fegte über sein Haus und tötete alle seine Kinder. Vier Hammerschläge trafen Hiob unvermittelt.

Aber der Teufel war noch nicht fertig mit Hiob. Nachdem er ihm seinen Reichtum genommen hatte, machte er sich dran, ihm auch seine Gesundheit zu rauben. Der Teufel «plagte Hiob mit bösen Geschwüren von der Fusssohle bis zum Scheitel» (Hi 2,7). In Not und Elend sass Hiob «mitten in der Asche.» Anschliessend benutzte der Teufel Hiobs Frau, die ihm die letzten Worte der Versuchung einflüsterte, als Hiob am verwundbarsten war. «Hältst du immer noch fest an deiner Tadellosigkeit? Sage dich los von Gott und stirb!» (Hi 2,9).

Obwohl sie aus Verletzung, Wut und Trauer um ihren leidgeprüften Ehemann und ihre verlorenen Kinder redete, warfen ihre Worte doch eine quälende Frage auf. Wie konnte Hiob seine Integrität noch aufrechterhalten, nachdem Gott ihn verlassen hatte? Schliesslich hatte Gott in zwei der vier Katastrophen nicht eingegriffen, um Hiob vor den Angriffen anderer zu schützen. Und die anderen beiden schreiben wir dem «Handeln Gottes» zu ... und verweisen auf Gott selbst, als Urheber des Bösen, das Hiob nun fest in seinem erdrückenden Griff hatte.

Wie konnte Hiob geistlich überleben, als alles über ihm zusammenbrach? Was gab ihm seine Stabilität und die Fähigkeit, solch schwierige Umstände zu ertragen? In seinen Gesprächen mit denen, die ihn zu trösten versuchten, gibt Hiob uns vier Antworten.

Durchhaltevermögen entsteht durch den Blick nach innen

Hiob blieb geistlich auf Kurs, weil er seinen inneren Kompass richtig justierte. Als er alles verlor, erinnerte er sich daran, dass der souveräne Gott, der ihm seinen Reichtum geschenkt hatte, auch das Recht besass, ihn wieder wegzunehmen. «Nackt bin ich aus dem Leib meiner Mutter gekommen; nackt werde ich wieder dahingehen. Der HERR hat gegeben, der HERR hat genommen; der Name des HERRN sei gelobt!» (Hi 1,21).

Hiob hatte keine Ahnung, warum er leiden musste. Er wusste nichts von dem Wettstreit zwischen Gott und dem Teufel. Aus Hiobs Sicht schien es eine Art Verwechslung zu sein. Gott hatte entschieden, ihn zu bestrafen, obgleich er unschuldig war. Er sehnte sich nach der Gelegenheit, vor Gott zu treten, um seinen Namen rein zu waschen. Doch selbst wenn Gott ihn zu Unrecht bestrafte, dachte Hiob nicht daran, ein Leben zu führen, das Gott missfiel. «So wahr Gott lebt, der mir mein Recht entzogen, und der Allmächtige, der meine Seele verbittert hat: Ja, solange noch mein Odem in mir ist und der Hauch Gottes in meiner Nase, sollen meine Lippen nichts Verkehrtes reden und meine Zunge keine Lüge aussprechen!» (Hi 27,2-4).

Andere können Ihnen den Ruf nehmen, Ihren Besitz, Ihre Gesundheit und sogar Ihr Glück. Aber niemand kann Ihnen Ihre Integrität rauben ... ausser Ihnen selbst. Hiobs Welt brach auseinander. Aus Recht schien Unrecht zu werden. Aus oben wurde unten. Gerechtigkeit brachte Schmerzen statt Segen. Wie würden Sie reagieren, wenn Ihnen alle äusseren Annehmlichkeiten und Stützen genommen würden? Was würde Ihr «wahres» Ich sagen und tun, wenn Sie nicht länger eine Rolle spielen müssen, die andere von Ihnen erwarten?

Als Hiob nichts mehr zu verlieren hatte, besass er in sich nur noch seine Überzeugungen und seine Integrität. Recht *war* Recht und Unrecht *war* Unrecht. Und Hiob war nicht bereit, Kompromisse hinsichtlich seiner Überzeugungen oder seiner Integrität zu schliessen. Seine letzte Rede an seine Freunde endete damit, dass Hiob eine Reihe von Schwüren einging, die das Festhalten an seiner Integrität deutlich machten. Zu Anfang bestätigte er: «Ich hatte einen Bund geschlossen mit meinen Augen, dass ich ja nicht begehrlich auf eine Jungfrau blickte» (Hi 31,1). In den anschliessenden Versen bestätigte er, dass er sich zu sexueller Reinheit, Ehrlichkeit,

Gerechtigkeit, Mitgefühl und Treue verpflichtet hatte. In allen diesen Fällen schwur er Gott: «Wenn ich in diesem Bereich heimlich gesündigt habe, soll ich für meine Taten gerichtet werden!»

Sind Sie eine ähnliche Verpflichtung eingegangen wie Hiob? Haben Sie sich in Ihrem Herzen vorgenommen, Ihr integres Leben nicht aufzugeben, was auch kommen mag? Ganz gleich, welche Versuchung auf Sie zukommt. Ungeachtet der Umstände oder der Kosten, die Sie persönlich oder beruflich dafür tragen müssen. Der Blick nach innen und das Ausrichten unseres inneren moralischen Kompasses ist der erste Schritt, um Durchhaltevermögen zu entwickeln.

Durchhaltevermögen entsteht durch den Blick nach oben

Hiob hatte seinen inneren Kompass ausgerichtet. Als Schwierigkeiten kamen, konnte er sie ertragen, weil er auf den Kompass der Integrität in seinem Inneren schaute. Aber er brauchte auch einen festen Orientierungspunkt, der ihm half, auf Kurs zu bleiben. Dieser Bezugspunkt war das Wesen Gottes. Hiob konnte durchhalten, weil er auf Gott blickte, auch wenn es so schien, als hätte Gott ihn verlassen.

Als Hiob mit seinen drei Freunden sprach, boten ihre Versuche, ihn zu trösten, keinerlei Hilfe. Er musste mit Gott reden. Während sich die pausenlosen Reden seiner drei Freunde hinzogen, wandte sich Hiob von ihnen ab und suchte Gott. In seiner Frustration rief er aus: «Was ihr wisst [seine drei Freunde], weiss auch ich; ich stehe nicht hinter euch zurück. Ich aber will nun zu dem Allmächtigen reden; mit Gott zu rechten begehre ich. Ihr hingegen streicht ja nur Lügenpflaster und seid nichts als Quacksalber, ihr alle! O dass ihr doch schweigen könntet; das würde euch als Weisheit angerechnet!» (IIi 13,2-5).

Hiob wollte ... musste ... mit Gott reden. Aber aus Hiobs Sicht war Gott der Urheber seines Unglücks. Warum sollte er also Gott suchen? Letzten Endes war es eine Sache des Vertrauens. Er verstand nicht, warum Gott ihn leiden liess, aber er vertraute ihm noch immer. «Siehe, er soll mich töten — ich will auf ihn warten; nur will ich meine Wege ihm ins Angesicht verteidigen! Auch das schon wird mir zur Rettung dienen; denn kein Gottloser kommt vor sein Angesicht» (Hi 13,15-16). Ich finde Hiobs Glauben an Gott bemerkenswert. Er wusste nichts von dem kosmischen Kampf, der seinen Schmerz verursachte. (Wir schon!) Er besass kein Wort Gottes, das ihm Trost, Perspektive oder Hoffnung geben konnte. (Wir schon!) Ihm war nicht bekannt, dass Gott bereits entschieden hatte, dass er nicht sterben würde. (Wir schon!) Er wusste nicht, dass Gott seine Treue belohnen und sein Leben wieder herstellen würde. (Wir schon!) Hiob wusste viel weniger über Gott als wir, aber er vertraute ihm völlig.

An einem Punkt rief Hiob aus: «Aber auch jetzt noch, siehe, ist mein Zeuge im Himmel und mein Bürge in der Höhe! Meine Freunde spotten über mich; aber mein Auge blickt unter Tränen auf zu Gott, dass er dem Mann Recht verschaffe vor Gott und dem Menschenkind vor seinem Nächsten» (Hi 16,19-21). Hiob glaubte, dass jemand im Himmel seine Worte hörte, und brachte sein Anliegen vor Gott. Und diesem jemand, wer immer es auch war, lagen Hiobs Interessen am Herzen.

Was Hiob nur intuitiv wusste, wissen wir mit Sicherheit. Wir haben *zwei* Fürsprecher im Himmel, die für uns flehen: Gott der Heilige Geist und Gott der Sohn. In Römer 8 erinnerte der Apostel Paulus seine Leser: Der Heilige Geist «tritt so für die Heiligen ein, wie es Gott entspricht» (Röm 8,27). Der Verfasser des Hebräerbriefes beschreibt Jesus als «einen grossen Hohenpriester ... der die Himmel durchschritten hat» und der «Mitleid ... [hat] mit unseren Schwachheiten» (Hebr 4,14-15). Aufgrund des Dienstes Jesu für uns forderte der Schreiber seine Leser auf, vertrauensvoll zu Gott zu beten. «So lasst uns nun mit Freimütigkeit hinzutreten zum Thron der Gnade, damit wir Barmherzigkeit erlangen und Gnade finden zu rechtzeitiger Hilfe!» (Hebr 4,16).

Hiob hielt durch, weil er wusste, dass Gott noch immer auf seinem Thron sass und alle Menschen, Ereignisse und Umstände unter seiner Kontrolle standen. Hiob wusste, er würde Gott auch weiterhin vertrauen, und ihm war klar, dass Gott seine von Herzen kommenden Schreie hören und schliesslich handeln würde. Er hatte keine Ahnung, wann ... oder wie ... Gott reagieren würde. Aber er hielt durch, weil er wusste, Gott würde reagieren ... irgendwann. Bis dahin musste er nur durchhalten.

Durchhaltevermögen entsteht durch den Blick nach aussen

Beim Lesen des Buches Hiob musste ich an das einzige Mal denken, als ich in England mit dem Auto unterwegs war. Ich erinnere mich noch lebhaft an den ersten «Kreisverkehr», die Kreuzung, an der Strassen zusammentreffen. Ich sass auf der «falschen» Seite des Wagens, fuhr auf der «falschen» Seite der Strasse und nahm die «falsche» Richtung in diesem Kreisverkehr ... und die ganze Zeit über hatte ich die anderen Autos und die richtige Ausfahrt im Blick! Ich konzentrierte mich so sehr darauf, nicht mit anderen Fahrern zusammenzustossen und auf der richtigen Spur zu bleiben, dass ich die Ausfahrt verpasste ... zweimal!

Die drei Freunde Hiobs fuhren mit ihrem klapprigen theologischen Laster auf Hiobs Kreisverkehr und drehten eine Runde nach der anderen. Dieselben fehlerhaften Argumente. Dieselben falschen Schlussfolgerungen. Dasselbe selbstgerechte Gefühl von Überlegenheit. Bis es schliesslich aus Hiob herausplatzt: «Dergleichen habe ich oft gehört; ihr seid allesamt leidige Tröster! Haben die geistreichen Worte ein Ende? Oder was reizte dich, zu antworten?» (Hi 16,2-3).

Richtig so! Zeig es ihnen, Hiob! Sie verdienen es! Das Letzte, was wir inmitten unserer Not brauchen, sind selbst ernannte Weise mit einfachen Lösungen für unsere komplizierten Probleme. Wenn es uns schlecht geht und wir verletzt sind, sind wir versucht, die Menschen um uns herum anzugreifen ... und diese drei waren wirklich verlockende Zielscheiben. In ihrem Versuch, Gottes Gerechtigkeit zu verteidigen, nahmen sie an, dass Hiob gesündigt hatte – dass er die Strafe, die er zu empfingen schien, irgendwie verdiente.

Am Ende rechtfertigte Gott Hiob und verurteilte seine drei Freunde. «Mein Zorn ist entbrannt über dich [Eliphas, der Seniorpartner dieser drei Stichwortgeber] und deine beiden Freunde, denn ihr habt nicht recht von mir geredet, wie mein Knecht Hiob» (Hi 42,7).

Gott verlangte von den drei Freunden: «So nehmt nun sieben Jungstiere und sieben Widder und geht zu meinem Knecht Hiob und bringt sie als Brandopfer dar für euch selbst!» (Hi 42,8a). Anschliessend forderte er Hiob auf, für seine Freunde zu *beten*: «Mein Knecht Hiob aber soll für euch bitten; denn nur ihn werde ich erhören» (Hi 42,8b). Ich vermute, Hiobs Kopf schnellte hoch und Falten zeichneten sich auf seiner Stirn ab, als er in Gedanken noch einmal wiederholte, was Gott gerade gesagt hatte. Was! Du möchtest, dass *ich* für meine Freunde Fürsprache halte? Sie waren es doch, die mir ständig zugesetzt haben!

Die Jünger Christi müssen ebenso überrascht gewesen sein wie Hiob, als sie hörten, wie Jesus zu ihnen sagte: «Ihr habt gehört, dass gesagt ist: Du sollst deinen Nächsten lieben und deinen Feind hassen. Ich aber sage euch: Liebt eure Feinde, segnet, die euch fluchen, tut wohl denen, die euch hassen, und bittet für die, welche euch beleidigen und verfolgen» (Mt 5,43-44). Gott verlangt von uns, die Probleme und Schmerzen dieses Lebens zu ertragen, aber er möchte nicht, dass uns die Reaktion auf diese Probleme und Schmerzen gefangen hält. Wenn wir Groll hegen, der Verbitterung Raum geben und uns an Hassgefühle klammern, nimmt uns das gefangen. Eingesperrt in einer Zelle aus Wut lassen wir es zu, dass die Vergangenheit unsere Zukunft kontrolliert.

Beim Bibellesen passiert es manchmal, dass wir ein neues Verständnis von einer Stelle bekommen, die wir schon unzählige Male
gelesen haben. Die Wahrheit war immer da. Sie ist uns nur nicht
aufgefallen. Eine solche Entdeckung habe ich im letzten Kapitel von Hiob gemacht. Gott fordert Hiob auf, für seine Freunde zu
beten, was er auch tat. «Und der HERR wendete Hiobs Geschick, als
er für seine Freunde bat; und der HERR erstattete Hiob alles doppelt wieder, was er gehabt hatte» (Hi 42,10). Andere deutsche Bibelübersetzungen geben den ersten Satz geringfügig anders wieder:
«Und der HERR wendete die Gefangenschaft Hiobs, als er für seine
Freunde betete» (vgl. Elberfelder 2003).

Der Schlüssel zu dieser Stelle ist der Zeitpunkt, an dem Gott
Hiob wiederherstellte. Ich war immer davon ausgegangen, dass
Gott Hiobs Gesundheit und Reichtum wiederherstellte, direkt
nachdem er Gott begegnet war. Aber Hiob 42,10 sagt deutlich, dass
Gott ihn wiederherstellte, *nachdem* er für seine Freunde gebeten
hatte. Als er nach aussen blickte und anderen diente, bekam Hiob
Gottes Segen.

Wir beschäftigen uns nur allzu leicht mit uns selbst, wenn wir
vor Problemen und Schwierigkeiten stehen. Gott brachte Hiob (und
uns) eine wertvolle Lektion bei. Eine Möglichkeit, um unsere Probleme zu ertragen, ist, von uns weg auf andere zu sehen. Wenn wir
anderen dienen, finden wir die Kraft und das Durchhaltevermögen,
um mit unseren eigenen Kämpfen fertig zu werden.

Durchhaltevermögen entsteht durch den Blick nach vorne

Hiob schaute nach innen auf seine Integrität, nach oben, um
Stabilität zu gewinnen, und nach aussen auf den Dienst. Die drei
Faktoren halfen ihm durchzuhalten. Aber er hatte noch eine wei-

CUMULUS

OBI

50.– VORTEIL

Luftentfeuchter MD-10 l

Gültig: 1.1. bis 31.1.2017
Mindesteinkauf: Fr. 149.–

Einlösbar in allen OBI Märkten in der Schweiz gegen Vorweisen der Cumulus-Karte. Nicht kumulierbar mit anderen %-Rabatten. Nur einmal pro Cumulus-Nummer einlösbar.

2092002108000000000

CUMULUS

Gültig: 1.1. bis 28.2.2017
Mindesteinkauf: Fr. 99.–

30.– VORTEIL

Falls Ihre Bestellung Fr. 99.–
übersteigt

Ihr Vorteilcode:

1701CUN30

Ein Vorteilcoupon pro Haushalt gültig für eine Erstbestellung. Die Bestellung muss von LeShop.ch nach Hause geliefert oder bei einem PICK-UP abgeholt werden. Der Vorteilcoupon kann nicht an Dritte zur Einlösung weitergegeben werden und ist auf keinen Fall verkäuflich. Nicht mit einem anderen Angebot kumulierbar. Es gelten die allgemeinen Verkaufsbedingungen von LeShop.ch.

Luftentfeuchter MD-10

1.1. bis 31.1.201

240 W, Leistung ca. 10 l/24 h, Mass
ca. 45,2 × 35 × 27,5 cm. Art.-Nr. 47948

für nur Fr. 99.

statt Fr. 149

CUMULUS
50.-
VORTEIL

Mindesteinkauf:
Fr. 149.–

LeShop.ch liefert Ihne
die Einkäufe hein

1.1. bis 28.2.201

CUMULUS
30.-
VORTEIL

Mindesteinkauf:
Fr. 99.–

tere Blickrichtung ... und die gab ihm Hoffnung. Er sah nach vorne auf die Zeit, wenn Gott alle Dinge in Ordnung bringen würde! Hiob erwartete, an der Krankheit zu sterben, die seinen Körper zugrunde richtete. Aber er konnte durchhalten, weil er über dieses Leben hinausblickte auf ein Leben, das nach dem Grab kam. «Ich weiss, dass mein Erlöser lebt, und zuletzt wird er sich über den Staub erheben. Und nachdem diese meine Hülle zerbrochen ist, dann werde ich, von meinem Fleisch los, Gott schauen; ja, ich selbst werde ihn schauen, und meine Augen werden ihn sehen, ohne ihm fremd zu sein. Danach sehnt sich mein Herz in mir!» (Hi 19,25-27).

Hiob konnte durchhalten, weil er irgendwie spürte, dass das Leben nicht mit dem Tod endete. Vergessen Sie nicht, Hiob besass keine Bibel. Aufgrund seines Alters und anderer Details können wir davon ausgehen, dass er zur Zeit der Patriarchen gelebt haben muss – hunderte von Jahren bevor Mose die ersten Bücher der Bibel verfasste. Er kannte Gottes Plan mit den Zeitaltern nicht. Er verstand nicht den Tod ... und die Auferstehung ... des Sohnes Gottes. Und er hatte kein genaues Wissen über Gottes zukünftige Auferstehung oder die neuen Himmel und die neue Erde, in denen das ganze Volk Gottes die Ewigkeit zubringen wird.

Doch Hiob wusste instinktiv, dass das Leben mehr war als unsere physische Existenz auf dieser Erde. Und ihm war klar, dass Gott eines Tages alles in Ordnung bringen würde. Er konnte zuversichtlich sagen: «Ja, er kennt meinen Weg; wenn er mich prüft, so werde ich wie Gold hervorgehen!» (Hi 23,10). Er konnte durchhalten, weil er über seine Umstände hinaus auf die Zukunft blickte.

Mit Ausdauer laufen

Wenn ich an Durchhaltevermögen denke, kommen mir augenblicklich Marathonläufer in den Sinn. Ihr Mut und ihre Entschlossenheit sind ein treffendes Vorbild für das Durchhaltevermögen, das wir in unserem Leben haben sollten. Der Verfasser des Hebräerbriefes verglich unser geistliches Leben mit einem «Kampf, der vor uns liegt» (Hebr 12,1). Er fordert uns auf, «mit Ausdauer [zu] laufen.» Wir müssen auf Kurs bleiben. Doch welche Dinge müssen wir auf unserer geistigen Checkliste haben, wenn wir mit Ausdauer laufen wollen? Der Verfasser nennt dieselben vier Punkte, die auch Hiob durchhalten liessen.

- Blicke nach innen: «Lasst uns jede Last ablegen und die Sünde, die uns so leicht umstrickt» (Hebr 12,1).

- Blicke nach oben: «Indem wir hinschauen auf Jesus, den Anfänger und Vollender des Glaubens» (Hebr 12,2).

- Blicke nach aussen: «Jagt nach dem Frieden mit jedermann und der Heiligung ... Und achtet darauf, dass nicht jemand die Gnade Gottes versäumt» (Hebr 12,14-15).

- Blicke nach vorne: «Darum, weil wir ein unerschütterliches Reich empfangen, lasst uns die Gnade festhalten, durch die wir Gott auf wohlgefällige Weise dienen können mit Scheu und Ehrfurcht!» (Hebr 12,28).

NACHDENKEN UND ANWENDEN

Wir müssen unser Leben als Christ als einen Marathon betrachten, nicht als 100-Meter-Sprint. Durchhaltevermögen ist unverzichtbar, um die Höhen ... und die Tiefen zu überstehen ... in dem «Kampf, der vor uns liegt.»

1. Haben Sie sich beim Lesen dieses Buches in Ihrem Herzen vorgenommen, ein integrer Mann oder eine integre Frau zu sein? Jetzt ist der Zeitpunkt gekommen, nach innen zu schauen und diesen Vorsatz zu erneuern ... was auch immer das Leben für Sie bereithält.

2. Welche «Orientierungspunkte» haben Sie, an denen Sie sich geistlich ausrichten? Sind Ihre Augen auf Jesus fixiert? Auf das Studium seines Wortes? Auf die Zeit mit ihm im Gebet? Wenn Sie von Ihren Problemen wegsehen und auf Gott blicken, der Ihre Probleme lösen kann, wird Ihnen das helfen durchzuhalten.

3. Wer sind die Menschen in Ihrem Leben, die Ihnen gegenwärtig am meisten Kummer bereiten? Greifen Sie sich eine Person heraus und beten Sie in dieser Woche für sie. Bitten Sie Gott um eine konkrete Gelegenheit, dieser Person freundlich zu begegnen. Werden Sie nicht zum Gefangenen Ihrer Wut.

4. Lernen Sie Johannes 14,1-4 auswendig und betrachten Sie Ihre Probleme vom Standpunkt der Ewigkeit aus. Die Probleme, die Sie heute haben, sind vergänglich. Der Himmel ist ewig.

«Damit ihr des Herrn würdig wandelt und ihm in allem wohlgefällig seid: in jedem guten Werk fruchtbar und in der Erkenntnis Gottes wachsend, mit aller Kraft gestärkt gemäss der Macht seiner Herrlichkeit zu allem standhaften Ausharren und aller Langmut, mit Freuden.» (Kol 1,10-11)

ICH GLAUBE, DIE ALLERWICHTIGSTE ENTSCHEI-
DUNG, DIE ICH TAG FÜR TAG TREFFEN KANN, IST
DIE WAHL MEINER EINSTELLUNG. WENN MEINE
EINSTELLUNGEN STIMMEN, IST KEIN HINDERNIS
ZU GROSS, KEIN TAL ZU TIEF, KEIN TRAUM ZU
EXTREM, KEINE HERAUSFORDERUNG ZU GEWAL-
TIG FÜR MICH.

– *Charles R. Swindoll*

10. DIE FEHLENDE ZUTAT – Freude

W as macht ein Kapitel über *Freude* am Ende eines Buches über Charakter und Integrität? Ist Freude nicht ein *Gefühl*, während sich die anderen Kapitel mit dem *Verhalten* beschäftigen? Haben Sie Nachsicht mit mir. Ich habe dieses Kapitel aufgenommen, weil ich glaube, dass Freude ein wesentliches Element des Charakters eines Christen ist. Ein integres Leben bringt Freude hervor. Und mehr als das, Christen, die Freude zum Ausdruck bringen, haben eine nachhaltige Wirkung auf andere. Sie ist ein unwiderstehlicher Charakterzug, der andere zu Gott hinziehen kann.

EIN GRANTIGER ALTER MANN

Jeder war gerne zu Besuch bei Tante Hannah, aber die meisten fürchteten das Gespräch mit Onkel Paul. Dieses kinderlose Ehepaar waren die letzten Tanten und Onkel meines Vaters, die in der Nähe lebten. Tante Hannah erinnerte mich an «Tante Bea» aus der Andy Griffith Show. Sie war eine warmherzige, matronenhafte Frau, die einige der besten hausgemachten Gerichte kochte, die ich je gegessen habe – vom perfekten Braten mit sämiger Sosse bis zur blättrigen Kruste auf ihrem selbst gebackenen Apfelkuchen. Bei Tante Hannah zum Essen eingeladen zu sein, machte Spass ... wäre da nicht Onkel Paul gewesen.

Onkel Paul war der vollendete Griesgram. Am Ende seines Lebens beschäftigte er sich vorwiegend damit, von seinen früheren Taktlosigkeiten und seinen gegenwärtigen körperlichen Gebrechen zu erzählen.

Dad gab uns stets dieselbe Warnung mit auf den Weg, bevor wir Tante Hannah und Onkel Paul besuchten. «Fragt Onkel Paul nicht, wie es ihm geht!» Das war ein sicheres Rezept für ein Desaster. Das weiss ich, denn einmal habe ich es vergessen und ihn danach gefragt. Als er dann ausführlich beschrieb, wie ihm ein grosser Teil seines Magens operativ entfernt wurde, hatte das gewaltige Auswirkungen auf meinen Appetit ... vor allem weil seine Ausführungen fast die ganze Essenszeit in Anspruch nahmen! Als wir später am Abend gingen, erzählte er noch immer von den verschiedenen Operationen, Beschwerden und Medikamenten, um die sich sein Leben drehte. Ich habe ihn nie wieder gefragt, wie es ihm geht!

Nachdem ich mein Elternhaus verlassen hatte, um in einer anderen Stadt aufs College zu gehen, besuchte ich weiterhin Tante Hannah und Onkel Paul, wenn ich nach Hause kam. Jeder Besuch endete auf dieselbe Weise. Wenn ich mich verabschiedete, kam Onkel Paul auf mich zu und sagte: «Fürwahr, ich sage besser auf Wiedersehen. Ich bin vielleicht nicht mehr hier, wenn du das nächste Mal kommst.» Und er meinte damit nicht, dass er nach Maui ziehen würde! So ging das fünfzehn Jahre lang.

Schliesslich starb Onkel Paul, und ich fuhr zur Beerdigung nach Hause. Während ich dort war, gingen mir zwei traurige Gedanken durch den Kopf. Erstens: Mir fiel kein einziges Mal ein, dass es Spass machte mit Onkel Paul. Stattdessen erinnerte ich mich an seine Ichbezogenheit und sein Selbstmitleid. Zweitens: Ich fragte mich, wie viele der Trauergäste zu Onkel Pauls Beerdigung gekommen wären, wäre nicht Tante Hannah gewesen. Mehr kamen, um ihr ihre Anteilnahme auszusprechen, als ihm die letzte Ehre zu erweisen.

Die Welt scheint voller Onkel Pauls zu sein, deren Auftrag im Leben es ist, jeden, dem sie begegnen, ebenso unglücklich zu machen, wie sie es sind. Und viele tun das im Namen Christi! Sie setzen eine griesgrämige Veranlagung und eine faltige Stirn irgendwie gleich mit geistlicher Reife. Wie traurig.

Als Junge schenkte mir jemand eine aufziehbare Uhr. Ich zog sie jeden Morgen auf. Ich machte mir stets Sorgen, dass die Uhr in der Nacht ablaufen könnte und zog die Feder jedes Mal so fest, wie ich konnte. Bedauerlicherweise stand die Feder einmal so unter Spannung, dass sie überdrehte und die Uhr nicht mehr lief.

So wie Uhren können auch Menschen zu sehr aufgezogen sein. Und dann überdrehen sie. Menschen, die gestresst, ausgebrannt und zu stark aufgezogen sind, brauchen eine Pause, die ihnen ihr Gleichgewicht zurückgibt. Ein von Gott verschriebenes Heilmittel ist Freude.

ÜBER DEN UMSTÄNDEN STEHEN

«Wie geht's, Frank?»
«Okay, unter diesen Umständen.»
Schon mal ein solches Gespräch geführt? Die meisten von uns kennen das. Wir verknüpfen unser Leben und Wohlergehen mit den Umständen, die um uns herum ausser Kontrolle geraten. Die Werbung überschüttet uns mit der Botschaft, dass wir nie wirklich glücklich werden, wenn wir nicht ein neues Auto oder neue Kleidung kaufen, eine neue romantische Liebe finden oder etwas für unsere Figur tun. Dahinter steckt die subtile Botschaft, dass wir unsere Umstände verändern müssen, um glücklich zu sein.

Wenn die Umstände das Glück bestimmen, wie glücklich wären Sie dann, wenn Sie für eine Straftat, die Sie nicht begangen haben, vier Jahre im Gefängnis sässen? Stellen Sie sich vor, wie Sie sich fühlen würden, wenn Sie in dieser Zeit mit ansehen müssten, wie Ihre ohnehin schon instabile finanzielle Situation weiter in die roten Zahlen rutscht. Und dann stellen Sie sich vor, wie Sie auf die Nachricht reagieren würden, dass ein guter Freund, der Sie treu besuchte, krank war und vor dem Tod stand. Keine Freiheit ... keine finanzielle Sicherheit ... keine Möglichkeit, einem Freund in Not zu helfen. *Unter diesen Umständen* wären Sie möglicherweise mutlos und depressiv. Aber die Person, die mit diesen Problemen zu kämpfen hatte, liess sich von den Umständen nicht kleinkriegen ... sie stand *über* ihnen. Gemeint ist der Apostel Paulus.

Als er den Tempel in Jerusalem besuchte, wurde Paulus von den religiösen jüdischen Führern angegriffen (Apg 21). Die römische Garnison, die ihn gefangen nahm, rettete ihm im Grunde das Leben, da die Menge ihn zu Tode steinigen wollte. Die religiösen Führer brachten erfundene Beschuldigung gegen Paulus hervor, und er musste zwei Jahre auf seinen Prozess in der Küstenstadt Cäsarea warten (Apg 23,33-35; 24,27). Nach den beiden Jahren wollten die religiösen Führer, dass man Paulus nach Jerusalem zurückbrachte. Sie beabsichtigten, der Garnison unterwegs aufzulauern und Paulus zu töten. Paulus machte seine Rechte als römischer Bürger geltend und appellierte an den Kaiser, dass sein Fall in Rom entschieden werden sollte. Nach einer haarsträubenden Reise über das Mittelmeer (inklusive einem Schiffbruch vor der Insel Malta) kam Paulus in Rom an, nur um weitere zwei Jahre unter Hausarrest zu stehen, während er auf die Ankunft seiner Ankläger wartete. Paulus verlor vier Jahre seines Lebens für eine Straftat, die er nie begangen hatte. *Unter diesen Umständen* könnten wir erwarten, dass Paulus verbittert und desillusioniert geworden war. War er aber nicht!

Rom hatte einen einzigartigen Plan, um die Gefängnisse nicht zu übervölkern und die Kosten zur Aufrechterhaltung seines Gefängnissystems zu senken. Die römischen Autoritäten gestatteten einigen Gefangenen ein Leben unter «Hausarrest.» Der Gefangene musste seine Unterkunft und sein Essen selbst bezahlen, durfte das Haus aber nicht verlassen, um zur Arbeit zu gehen. (Während der Haft war er an eine römische Wache gekettet!) Paulus wurde das Privileg des Hausarrests gegeben (Apg 28,16.30). Er durfte Besucher empfangen, sich mit engen Freunden treffen und mit Personen in anderen Städten frei korrespondieren. Sein Hauptproblem bestand darin, das Geld für das Haus zu bekommen!

In den besten Zeiten bekam Paulus genug Geld für seinen Dienst. Er konnte als Zeltmacher arbeiten, und einige Gemeinden trugen mit ihrer finanziellen Unterstützung zu seinem Werk bei. Doch zu anderen Zeiten stand seine Arbeit finanziell auf der Kippe und die Spenden blieben aus. Paulus kannte sowohl die besten als auch die schlimmsten finanziellen Zeiten. «Denn ich verstehe mich aufs Armsein, ich verstehe mich aber auch aufs Reichsein», schrieb er. Er machte alles durch und war damit vertraut, «sowohl satt zu sein als auch zu hungern, sowohl Überfluss zu haben als auch Mangel zu leiden» (Phil 4,12). Unter Hausarrest konnte er nicht arbeiten ... musste aber seine Unterkunft und sonstige Ausgaben selbst bezahlen. Er wurde von den Gemeinden finanziell unterstützt, in denen er so eifrig gearbeitet hatte. *Unter diesen Umständen* könnten wir erwarten, dass Paulus mutlos war. Das war er aber nicht!

Schliesslich kam eine finanzielle Gabe aus der Gemeinde in Philippi. Überbracht von einem persönlichen Freund von Paulus, war diese Gabe so erfrischend wie ein kalter Schluck Wasser an einem heissen Tag. Doch dieser kurze Moment des Glücks wurde überschattet von Epaphroditus' Krankheit, dem Kurier und Freund von Paulus. Alle Gebete von Paulus und alle medizinischen Künste des Arztes Lukas schienen die Krankheit nicht aufhalten zu können, die Epaphroditus ergriffen hatte und ihn immer näher an den Rand des Todes brachte. *Unter diesen Umständen* könnten wir erwarten, dass Paulus entmutigt war und aufgeben würde. Doch so war es nicht!

MANCHMAL IST ES LEICHTER, GOTT HINSICHTLICH DER DINGE ZU VERTRAUEN, DIE ER IM LEBEN ANDERER TUN WIRD, ALS IN BEZUG AUF SEIN WIRKEN IN UNS.

Mit der Feder in der Hand setzte sich Paulus hin und schrieb der Gemeinde, die ihn so grosszügig unterstützt hatte. Die Ketten rasselten, während er durch den Raum ging und einen der optimistischsten Briefe des Neuen Testaments diktierte – den Brief an die Philipper. *Unter diesen Umständen* würden wir nicht erwarten, dass Paulus sich mit dem Thema Freude beschäftigte. Aber genau das tat er!

Freut euch im Herrn allezeit!

Wie konnte Paulus inmitten seiner Probleme Freude empfinden? Die Gemeinde in Philippi muss sich gefragt haben, wie Paulus die vielen Verfolgungen, Prüfungen und Ungerechtigkeiten emotional durchstehen konnte. Stellen Sie sich vor, wie überrascht sie waren, als sie seinen ermutigenden Brief erhielten!

Paulus konnte sich freuen, weil er von seinen Umständen weg auf den Herrn schaute. Probleme kommen und gehen. Umstände verändern sich permanent. Aber Gott und sein Plan sind unveränderlich. Der Blick auf Gott kann Stabilität und Hoffnung geben ... und das bringt Freude.

Am Anfang seines Briefes teilt Paulus das Geheimnis seiner grossen Zuversicht und Freude mit. «Ich danke meinem Gott, sooft ich an euch gedenke, indem ich allezeit, in jedem meiner Gebete für euch alle mit Freuden Fürbitte tue, ... weil ich davon überzeugt bin, dass der, welcher in euch ein gutes Werk angefangen hat, es auch vollenden wird bis auf den Tag Jesu Christi» (Phil 1,3-6). Paulus quäle sich nicht händeringend mit dem, was in seiner Abwesenheit mit diesen Gemeinden geschehen würde. Gott hatte alles unter Kontrolle, und er konnte sich darauf verlassen, dass Gott sich um alles kümmerte.

Und dennoch, manchmal ist es leichter, Gott hinsichtlich der Dinge zu vertrauen, die er im Leben anderer tun wird, als in Bezug auf sein Wirken in uns. Wie können wir uns freuen, wenn wir persönlich angegriffen, verleumdet und missverstanden werden? Wir können beinahe hören, wie sich Paulus' Freunde in Philippi diese Frage zuflüsterten. Schliesslich gab es in Rom einige Halunken, die im Namen Christi predigten, nur um Paulus Probleme zu bereiten. Und Paulus konnte nichts tun, um sie aufzuhalten. War er entmutigt, ärgerlich oder wohlmöglich sogar verbittert über diese grobe Ungerechtigkeit? Nicht Paulus! «Was tut es? Jedenfalls wird auf alle Weise, sei es zum Vorwand oder in Wahrheit, Christus verkündigt, und darüber freue ich mich, ja, ich werde mich auch weiterhin freuen! ... Denn für mich ist Christus das Leben, und das Sterben ein Gewinn» (Phil 1,18.21). Statt mutlos zu sein, *freute* er sich über die, die Christus predigten, um ihm Probleme zu machen.

«Schaut euch das Gesamtbild an!», sagte er seinen Lesern. «Mehr Menschen sprechen von Christus als jemals zuvor!»

Doch was ist, wenn sie so viele Schwierigkeiten machen, dass man deswegen getötet wird? «Wenn ich sterbe, gewinne ich! Ich werde für immer bei Christus im Himmel sein!»

Paulus freute sich, weil er seine Umstände mit Gottes Augen betrachtete. Er befand sich nicht *unter den Umständen*, er sah über sie hinweg auf das, was Gott tat.

Paulus scheint hinsichtlich der Freude, die er im Herrn hatte, zwei Punkte hervorzuheben. Der erste ist die Tatsache, dass er sich freuen konnte, weil er wusste, dass der Herr alles unter Kontrolle hatte. Er erkannte die Hand Gottes in allem, was passierte – sogar in den Ereignissen, die ihm vorübergehende Unannehmlichkeiten oder Schwierigkeiten einbrachten. Er überliess diese Anliegen dem Herrn und vertraute ihm, dass er sich darum kümmerte. Der zweite Punkt ist die Tatsache, dass er wusste, der Herr könnte jederzeit zurückkommen. Seine Probleme waren nur zeitlich begrenzte Unannehmlichkeiten, die schon bald von einer dauerhaften Gemeinschaft mit dem Herrn abgelöst würden.

Beide Punkte kommen in seiner Aufforderung zusammen, das Leben in freudiger Erwartung und im Vertrauen zu führen.

«Freut euch im Herrn allezeit; abermals sage ich: Freut euch! Eure Sanftmut lasst alle Menschen erfahren! Der Herr ist nahe! Sorgt euch um nichts; sondern in allem lasst durch Gebet und Flehen mit Danksagung eure Anliegen vor Gott kundwerden. Und der Friede Gottes, der allen Verstand übersteigt, wird eure Herzen und eure Gedanken bewahren in Christus Jesus!»* (Phil 4,4-7)

Trotz seiner Umstände erlebte Paulus Freude und ein Gefühl von Freiheit, weil er wusste, dass der Herr nahe war ... und alles mitbekam. Er konnte dem Leben mit Zuversicht begegnen, weil er die Kraft und Gegenwart Gottes kannte.

Freut euch, anderen zu dienen

Als ich noch sehr jung war, zeigte mir der Sonntagsschullehrer den Weg zur Freude im Leben als Christ: Jesus steht an erster Stelle, andere Menschen an zweiter und ich an letzter. Paulus verstand dieses Konzept. Ein grosser Teil seiner Freude beruhte darauf, dass er den Herrn an die erste Stelle setzte und das Leben aus Gottes Sicht betrachtete. Er verstand auch das zweite Prinzip, das zu Freude führt – andere über sich selbst zu stellen.

Paulus wählte seine Worte sorgfältig und bat die Philipper mutig, seine Freude vollständig zu machen, «indem ihr eines Sinnes seid, gleiche Liebe habt, einmütig und auf das eine bedacht seid.» Das würde von ihnen verlangen, «nichts aus Selbstsucht oder nichtigem Ehrgeiz [zu tun], sondern in Demut einer den anderen höher [zu achten] als sich selbst» (Phil 2,2-3).

Zu den traurigsten Gestalten zählen heute Menschen, die nur an sich selbst denken. Sie sind so sehr mit sich selbst beschäftigt, dass sie nicht verstehen, welche persönliche Befriedigung es sein kann, anderen zu dienen. Paulus wusste, am besten konnte er den Philippern diese Wahrheit durch ein menschliches Vorbild beibringen. Wir lernen am besten, wenn wir bestimmte Personen beobachten. Nach der alten Redensart: «Manche Dinge lernt man am besten am Modell.» Paulus nennt vier konkrete Personen, die sich freuten, anderen zu dienen.

Jesus

Als erstes Beispiel nimmt der Apostel Jesus. «Denn ihr sollt so gesinnt sein, wie es Christus Jesus auch war» (Phil 2,5). Jesus war bereit, seinen rechtmässigen Platz im Himmel aufzugeben, seine Herrlichkeit abzulegen und Mensch zu werden. Als Gott und Mensch nahm er die Rolle eines Knechts an und gab sein Leben freiwillig am Kreuz, um anderen ewiges Leben zu erkaufen. Paulus geht vom grösseren zum kleineren Vorbild und argumentiert, dass auch wir bereit sein sollten, für den Dienst an anderen auf einige unserer «Rechte» zu verzichten, da der Sohn Gottes seinen rechtmässigen Platz im Himmel aufgab, um uns zu dienen.

Paulus

Die meisten – möglicherweise sogar alle – seine Leser waren Jesus während seiner irdischen Zeit nie begegnet. Natürlich wussten sie, was Jesus getan hatte. «Um der vor ihm liegenden Freude willen» hatte Jesus «das Kreuz erduldet» (Hebr 12,2). Er war nicht auf die Erde gekommen, «um sich dienen zu lassen, sondern um zu dienen» (Mt 20,28). Aber manche könnten Probleme damit gehabt haben, sich sein Leben als Vorbild zu nehmen, weil Jesus der vollkommene Mensch und Gott war und sie «nur sterbliche Menschen.» Als hätte er ihren Einwand vorhergesehen, wechselte Paulus schnell zu seinem zweiten Beispiel ... sich selbst!

SEINE BEREITSCHAFT, GOTTES GUTE NACHRICHT ANDEREN MENSCHEN MITZUTEILEN WIE DENEN IN PHILIPPI, HATTE IHN INS GEFÄNGNIS GEBRACHT, WO SEIN LEBEN AUF DEM SPIEL STAND.

Paulus forderte seine Leser auf, «alles ohne Murren und Bedenken» zu tun (Phil 2,14). Sie sollten sich vom Rest der Gesellschaft unterscheiden als «untadelige Kinder Gottes inmitten eines verdrehten und verkehrten Geschlechts, unter welchem ihr leuchtet als Lichter in der Welt» (2,15). Anschliessend nimmt Paulus seine Reaktion auf seine vierjährige Haft als Beispiel, dem sie folgen sollen. Seine Bereitschaft, Gottes gute Nachricht anderen Menschen mitzuteilen wie denen in Philippi, hatte ihn ins Gefängnis gebracht, wo sein Leben auf dem Spiel stand. «Wenn ich aber auch wie ein Trankopfer ausgegossen werden sollte über dem Opfer und dem priesterlichen Dienst eures Glaubens, so bin ich doch froh und freue mich mit euch allen» (2,17). Der Dienst an anderen brachte Freude.

Timotheus

Paulus' drittes Beispiel war sein Schützling Timotheus. Timotheus kannte Philippi gut! Nachdem er sich früh der zweiten Missionsreise von Paulus angeschlossen hatte (Apg 16,1-3), segelte Timotheus mit Paulus von Kleinasien nach Europa. Philippi war die erste europäische Stadt, in der Paulus eine Gemeinde gründete (Apg 16,12-40). Timotheus erlebte die frühe Erweckung, den Widerstand des Teufels, die aufrührerische Menge und die furchtbaren Schläge und die Verhaftung. Er erzitterte auch bei dem Erdbeben, das die Stadt erschütterte und die Gefängnistür öffnete, die Paulus und Silas einschloss. Etwas später schickte Paulus Timotheus und andere Jünger als seine speziellen Gesandten zurück nach Philippi (Apg 19,21-22). Die Philipper kannten Timotheus!

Paulus stellte dieses Beispiel vor, indem er seinen Wunsch zum Ausdruck brachte, Timotheus auf eine Erkundungsmission nach Philippi zu senden. Doch dann erklärte der meisterhafte Lehrer, warum er unbedingt Timotheus schicken will. «Denn ich habe sonst niemand von gleicher Gesinnung, der so redlich für eure Anliegen sorgen wird; denn sie suchen alle das Ihre, nicht das, was Christi Jesu ist! Wie er sich aber bewährt hat, das wisst ihr ...»

(Phil 2,20-22a). Im Grunde sagt Paulus den Philippern: «Ihr wollt ein drittes Beispiel für einen selbstlosen Dienst an anderen? Denkt nach und erinnert euch daran, wie Timotheus sich verhalten hat, als er bei euch war!» Paulus erwähnt drei konkrete Anliegen, von denen Timotheus erfüllt war. Timotheus war das Wohl der Gemeinde in Philippi ein aufrichtiges «Anliegen» (2,20). Timotheus setzte sich auch für die Interessen Jesu Christi ein (2,21), und als pflichtbewusster Sohn diente er bereitwillig mit Paulus (2,22). Das einzige, was Timotheus nicht zu seinen Prioritäten zählte, waren seine eigenen Belange (2,21). Er hatte den Philippern gezeigt, wie man Freude buchstabiert: Zuerst kommt Jesus, dann kommen andere und zum Schluss kommt die eigene Person.

Epaphroditus

Paulus' Galerie von gottesfürchtigen Beispielen war eindrucksvoll. Jesus, Paulus selbst und Timotheus. Aber das für die Philipper naheliegendste Beispiel hob er bis zum Schluss auf. Paulus' Brief an die Philipper wurde von Epaphroditus überbracht – einem von ihnen. Die Gemeinde in Philippi hatte Epaphroditus auf eine «Gnadenmission» zu Paulus nach Rom gesandt. Zusammen mit freundlichen Grussworten überbrachte dieser bewährte Bote eine beachtliche Opfergabe der Gemeinde, die Paulus den Lebensunterhalt während seiner Zeit im Gefängnis sichern sollte.

Epaphroditus' freundliche Tat wurde fast zur Tragödie, als er während seines Aufenthalts in Rom todkrank wurde. Paulus übertrieb nicht, als er den Ernst der Situation beschrieb. «Er war auch wirklich todkrank» (Phil 2,27). Was führte zu dieser schweren Erkrankung? Paulus sagt es nicht ausdrücklich, deutet aber an, dass die Krankheit in gewissem Masse auf seinen Dienst an ihm zurückzuführen war. Epaphroditus «ist für das Werk des Christus dem Tod nahe gekommen, da er sein Leben gering achtete, um mir zu dienen an eurer Stelle» (2,30).

Ich stelle mir vor, wie Epaphroditus errötete, als der Brief in der Gemeinde laut vorgelesen wurde und Paulus ihn namentlich erwähnte. Dieser bescheidene Diener war mehr erschüttert, als er hörte, dass seine Heimatgemeinde über seine Krankheit informiert wurde, als von der Krankheit selbst! Wie schon bei Timotheus hob Paulus dieselben drei Prioritäten auch am Beispiel von Epaphroditus hervor. Epaphroditus konzentrierte sich auf «das Werk des Christus», indem er die gefährliche Reise von Philippi nach Rom unternahm, um «meiner Not» als Gesandter aus Philippi «zu dienen an eurer Stelle.» Auch Epaphroditus konnte den Philippern zeigen, wie man Freude buchstabiert: Zuerst kommt Jesus, dann kommen andere und zum Schluss kommt die eigene Person.

NACHDENKEN UND ANWENDEN

Freude buchstabiert man noch immer so: Zuerst kommt Jesus, dann kommen andere und zum Schluss kommt die eigene Person. Lieben Sie Jesus, suchen Sie nach Möglichkeiten, anderen zu dienen ... und lachen Sie!

1. Gibt es konkrete Probleme oder Umstände, die Ihnen momentan die Freude im Leben zu rauben scheinen? Wenn ja, schreiben Sie sie auf. Vertrauen Sie Jesus, dass er sich all dieser Probleme annimmt? Nehmen Sie Ihre Liste mit ins Gebet und bitten Sie den Herrn, Ihnen zu helfen, Ihre Probleme aus seiner Sicht zu betrachten ... und Sie über Ihre Umstände hinweg zu heben.

2. Wie dienen Sie anderen in Ihrer Gemeinde oder Ihrer Umgebung? Planen Sie für diese Woche eine Aktion, um jemandem zu helfen, dem es nicht so gut geht wie Ihnen.

3. Wann haben Sie das letzte Mal so sehr lachen müssen, dass Ihnen die Tränen kamen? Was haben Sie gemacht? Wer war dabei? Rufen Sie diese Person an und sagen Sie ihr, dass Sie gerade an die wunderbare gemeinsame Zeit denken mussten und Sie sich gerne noch einmal daran erinnern wollten. Sprechen Sie mit Ihrem Freund über diese Erfahrung ... und lachen Sie!

4. Lernen Sie Philipper 4,4 auswendig und bitten Sie Gott, dass Ihr Leben seine Freude ausstrahlt.

«Ein fröhliches Herz fördert die Genesung, aber ein niedergeschlagener Geist dörrt das Gebein aus.» (Spr 17,22)

WENN DU NICHT HUNDERT MENSCHEN SATT
MACHEN KANNST, DANN MACHE EINEN SATT.

– *Mutter Teresa*

11. KANN EINE EINZELNE PERSON ETWAS ausrichten?

Die Wurzeln meiner Familie gehen bis auf das New England der Kolonialzeit zurück. Vor Jahrzehnten setzte sich ein betagtes Familienmitglied, Jinks Dyer (so hiess er wirklich!), hin und schrieb alle Überlieferungen und Geschichten auf, die seine Eltern, Grosseltern, Tanten und Onkel an ihn weitergegeben hatten. Ich bekam eine Kopie seiner handgeschriebenen Geschichte und war fasziniert von ihr ... Leichen im Keller und alle diese Sachen!

Die ersten Dyers, die nach Amerika kamen, waren William und Mary Dyer und landeten 1635 in Boston. Der familiäre Hintergrund von William und Mary bleibt geheimnisumwoben. Der Überlieferung nach war Mary Dyer die einzige Tochter von Sir William Seymour und Arabella Stuart, der Kusine von König Jakob I. von England. Der König fühlte sich von dieser Heirat bedroht und liess William Seymour und Arabella in den Tower von London werfen. Ihr Kind wurde heimlich von Arabellas Hofdame, Mary Dyer, aufgezogen, die dem kleinen Mädchen ihren Namen gab. Was für eine Geschichte! Aber es kommt noch besser.

1635 war Boston eine Bastion puritanischen Gottesdienstes und Gesetzes. Die Puritaner flohen nach Amerika, um dort religiöse Freiheit zu finden, aber sie weigerten sich, diese Freiheit auch anderen religiösen Gruppierungen zuzugestehen. William und Mary Dyer gerieten in Konflikt mit den Autoritäten, als sie sich denen anschlossen, die Errettung aus Gnade statt aus Werken lehrten. Da sie gezwungen waren, Boston zu verlassen, reisten sie nach Westen zu einer Siedlung, die zwei Jahre zuvor von Roger Williams gegründet worden war. Diese Siedlung auf dem Gebiet des heutigen Rhode Island bot William und Mary die Möglichkeit zu religiöser Freiheit.

Mary Dyers geistliche Pilgerreise ging weiter, bis sie George Fox begegnete, der sie überzeugte, Quäkerin zu werden. Von da an fühlte sich Mary gezwungen, nach Boston zurückzukehren, um dieser geschlossenen Gemeinschaft Zeugnis zu geben. Zweimal kam sie zurück nach Boston. Jedes Mal wurde sie verhaftet. Ihr Leben liest sich wie ein tragischer Roman. Inhaftiert, verbannt, wieder inhaftiert und schliesslich vor Gericht gestellt und zum Tod durch Erhängen verurteilt.

Aus dem Gefängnis, in dem sie eines Tages zur Hinrichtung geführt werden sollte, schrieb Mary den Bostoner Friedensrichtern: «Mein Leben ist von keinem grossen Nutzen, verglichen mit der Freiheit der Wahrheit.» Diese Worte sind heute auf einer Bronzestatue von Mary Dyer eingraviert, die in Boston vor dem Parlamentsgebäude von Massachusetts steht. Mary Dyer glaubte leidenschaftlich an die Wahrheit dieser Worte und gab ihr Leben freiwillig für sie hin. Doch war ihr Leben vergeblich?

Ruth Plimpton berichtet von dem, was nach Mary Dyers Tod geschah … und den Auswirkungen, die er auf einen Zuschauer hatte, der ihrer Hinrichtung beiwohnte.

Edward Wanton übergab sich dreimal in Frog Pond, bevor er auf sein Pferd steigen konnte. Als er an der grossen Ulme vorbeitrabte, scheute sein Pferd, bäumte sich auf und warf ihn fast zu Boden. Er drückte ihm seine Fersen in die Seite und eilte nach Hause. Nachdem er das Haus seiner Mutter betreten hatte, warf er seine Muskete und Hellebarde in die Ecke. Er vergrub seinen Kopf in den Armen und schluchzte: «O, Mutter! Wir haben das Volk Gottes ermordet.» Dann nahm er sein Schwert ab und schwor, es nie wieder anzulegen. Kurz darauf wurde er ein Mitglied der Gesellschaft der Freunde [der Quäker] und zwei Jahre später wurde er verhaftet, weil er in seinem Haus ein Treffen der Quäker abhielt.[16]

WAS KANN EIN EINZELNES LEBEN BEWEGEN?

Kann ein einzelner Mensch etwas ausrichten? Ja, wenn es ein integrer Mann oder eine integre Frau ist. Wenn diese Person wie ein Licht in einer dunklen Welt leuchtet. Wenn sie den Charakter Jesu Christi in Wort … und Tat zum Ausdruck bringt. Gott ist darauf spezialisiert, die Welt zu verändern – immer eine Person nach der anderen. Der Prophet Micha lebte in finsteren Zeiten. Korruption und Kompromisse kennzeichneten das Volk Juda. «Seine Häupter sprechen Recht um Geschenke, und seine Priester lehren um Lohn, und seine Propheten wahrsagen um Geld» (Mi 3,11). Das Volk war ausser Kontrolle und beschritt einen treulosen Weg, der nur in der Katastrophe enden konnte. «Darum soll um euretwillen Zion wie ein Feld gepflügt werden, und Jerusalem soll zu einem Steinhaufen werden und der Tempelberg zu einem bewaldeten Hügel!» (Mi 3,12).

Doch Gott rief Micha auf, sich von ihnen zu unterscheiden … ein Vorbild für Integrität und Gerechtigkeit zu sein. Nachdem er den moralischen Sumpf der Gesellschaft beschrieben hatte, erklärte sich Micha bereit, allein für die Wahrheit einzutreten. «Ich aber bin erfüllt mit Kraft, mit dem Geist des HERRN, mit Recht und Stärke, um Jakob seine Übertretung zu verkünden und Israel seine Sünde» (Mi 3,8).

Aber was kann ein Mensch allein schon tun? Wie kann eine einzelne Person einen Unterschied machen? Die Antwort finden wir nicht bei Micha, sondern bei einem anderen Propheten. Hundert Jahre nach Micha stand der Prophet Jeremia allein vor einem Volk, das Gott kollektiv ins Gesicht spuckte. Zu einem Anlass überbrachte Jeremia eine leidenschaftliche Botschaft den Menschen, die sich im Tempel in Jerusalem versammelt hatten. Als er fertig war, packte die Menge ihn und schrie: «Du musst gewisslich sterben!» (Jer 26,8). Viele erwarteten einen schnellen Prozess … und den sicheren Tod. Aber einige der Ältesten verteidigten Jeremia. Sie verglichen seine Worte mit denen, die Micha hundert Jahre zuvor gesprochen hatte.

«Und es standen auch etliche Männer von den Ältesten des Landes auf und sprachen zu der ganzen Gemeinde des Volkes: Micha, der Moreschtiter, hat in den Tagen Hiskias, des Königs von Juda, geweissagt und zu dem ganzen Volk von Juda gesagt: So spricht der

HERR der Heerscharen ...» (Jer 26,17-18). Michas Worte bestanden den Test der Zeit. Die Leute erinnerten sich an die Botschaft lange nach Michas Tod. Aber seine Prophezeiungen hatten mehr bewirkt, als nur den Menschen im Gedächtnis zu bleiben. Ganz allein hatte er eine ganze Generation verändert!

Nachdem sie Michas Gerichtsprophezeiung zitiert hatten (Mi 3,12), erinnerten die Ältesten die Menge an die Wirkung, die seine Botschaft auf das Volk hatte, zu dem er sprach. «Haben ihn denn Hiskia, der König von Juda, und ganz Juda deshalb getötet? Hat man nicht den HERRN gefürchtet und das Angesicht des HERRN angefleht, sodass den HERRN das Unheil reute, das er ihnen angedroht hatte? Und wir sollten ein so grosses Unrecht gegen unsere Seelen begehen?» (Jer 26,19).

Micha mag zwar allein gewesen sein, aber seine Botschaft zeigte Wirkung bei seinem Volk! Weil er bereit war, für das Richtige einzustehen ... und gegen den Strom zu schwimmen ... veränderte er eine ganze Generation. Gott hielt sein Gericht zurück, da das Volk auf Michas Worte und Taten hin Busse tat. Ein Mann bewirkte etwas Grosses!

WO GEHE ICH VON HIER AUS HIN?

Das Leben bringt Veränderungen mit sich. Ihr Wohnort. Ihre Arbeitsstelle. Ihr Kleidungsstil. All das kann sich mit der Zeit ändern. Flexibilität und Anpassungsfähigkeit sind zwei Eigenschaften, die uns helfen können, auf die immer schneller fortschreitenden Veränderungen um uns herum zu reagieren.

Doch einige Dinge dürfen sich nie verändern. Integrität sollte nie aus der Mode kommen. Ein Christus ähnlicher Charakter bleibt Gottes Massstab für jene, die seinen Sohn als ihren Erlöser bezeichnen. Ihre Hingabe an ein Leben, das nach dem Vorbild Jesu Christi gestaltet ist, darf nie ins Wanken geraten.

Die Welt bietet «das gute Leben», Gott aber gibt ewiges Leben. Die Welt betont das «Tun», Gott das «Sein.» Die Welt legt Wert auf Leistung, Gott auf Integrität. Die Welt zwingt zur Anpassung, Gott möchte Verwandlung sehen. Die Welt ist auf äussere Zeichen des «Erfolgs» fokussiert, Gott sind die inneren Werte des Herzens wichtig. Wie ein geschulter Arzt blickte Chuck Swindoll über die Symptome hinaus auf die Diagnose des wahren Problems.

> Wenn ich mir die Erfolgsratgeber vornehme, für die heute Reklame gemacht wird, fällt immer wieder auf, dass die Aufmerksamkeit auf die äussere Person gelenkt wird – wie kann ich intelligent wirken, wie kann ich einen guten Eindruck machen, wie viel kann ich verdienen oder wie kann ich alles unter Kontrolle haben oder wie schnell komme ich zu einer Beförderung oder ... oder ... oder. Nichts, was ich lese – und ich meine *nichts* –, legt Wert auf das Herz, den inneren Menschen, das Saatbeet unserer Gedanken, Motive, Entscheidungen. Nichts, ausser der Schrift.
>
> Interessanterweise sagt die Bibel recht wenig über Erfolg, aber eine Menge über das Herz, den Ort, an dem echter Erfolg seinen Anfang nimmt.[17]

Verstehen Sie dieses Buch als geistlichen «Stresstest.» Es ist so etwas wie Gottes Heimtrainer für Integrität. Gott überwacht alle Ihre Lebenszeichen und überprüft sie auf Unregelmässigkeiten. In der Praxis des grossen Arztes erfahren Sie die Diagnose ... und die Prognose. Der grosse Arzt stellt Schwachpunkte ebenso fest wie Stärken. Einige Lebensveränderungen sind notwendig, um geistlich vollkommen gesund zu sein. Jetzt aber ist das Buch zu Ende ... die Untersuchung vorbei. Wenn Sie die Praxis verlassen, wissen Sie, dass nur Sie die Entscheidung treffen können, ob Sie Veränderungen vornehmen oder nicht.

William Longstaff, ein englischer Geschäftsmann, entschied sich für ein integres und heiliges Leben. Er verfasste ein einfaches Gedicht, in welchem er erklärt, was ein solches Leben für ihn bedeutete ... und Jahre später wurde sein Gedicht «Take Time to Be Holy» vertont. William und Randy Petersen stellten fest, dass dieses einfache Gedicht «möglicherweise das einzige Gedicht war, das er jemals schrieb. ... Im Grunde seines Herzens ein Geschäftsmann, verfasste Longstaff keine blumigen oder fromm klingenden Verse, sondern diese nüchternen Gedanken.»[18]

Lesen Sie aufmerksam Longstaffs Worte ... und machen Sie sie zu Ihren eigenen, indem Sie *jetzt* beschliessen, ein integres Leben zu führen.

«Zeit, um heilig zu sein»

Zeit, um heilig zu sein, rede oft mit deinem Herrn;
Bleibe stets in ihm und ernähre dich von seinem Wort.
Freunde dich mit den Kindern Gottes an; hilf den Schwachen;
Vergiss nie, seinen Segen zu suchen.

Zeit, um heilig zu sein, die Welt eilt weiter;
Verbringe viel Zeit allein mit Jesus in der Stille;
Indem du auf Jesus schaust, sollst du wie er werden;
Deine Freunde werden in deinem Verhalten sein Bild erkennen.

Zeit, um heilig zu sein, lass ihn dein Führer sein,
Und lauf nicht vor ihm her, was auch geschehen mag;
In Freude oder Leid folge deinem Herrn nach,
Und im Blick auf Jesus vertraue seinem Wort.
Zeit, um heilig zu sein, sei ruhig in deiner Seele;
Jeder Gedanke und jedes Motiv steht unter seiner Kontrolle;
So führt dich sein Geist zu Quellen der Liebe,
Und du wirst bald bereit sein, ihm droben zu dienen.

FUSSNOTEN

Warum sollte man über den Charakter reden?

1. www.washingtonpost.com/wp-dyn/content/article/2008/12/12/Ar2008121203970.html

2. «Ryan convicted in corruption trial», Chicago Tribune, 17. April 2006.

3. Charles Dyer, The Power of Personal Integrity (Carol Stream, Ill.: Tyndale, 1997).

4. Newsweek, 13. April 2009.

5. Ebd., S. 34.

Kapitel 1: Im Rampenlicht – Ehrlichkeit

6. Jon Winokur, Hrsg., The Portable Curmudgeon (New York: Penguin Books, 1987), S. 69.

7. www.willrogers.com/says/will_says.html

8. www.quotationspage.com/quote/24939.html

9. Amanda Paulson, «Corruption winds through Illinois politics", The Christian Science Monitor, 11. Dezember 2008.

10. Rod Handley, «Leaving a Distinctive Mark: Building a Legacy of Character, Integrity, and Accountability", Outcomes (Sommer 2009), S. 26.

Kapitel 2: Witwen und Weizenfelder – Mitgefühl

11. Bob St. John, «Slip of the ears can leave you embarrassed», Dallas Morning News, 5. März 1989, A37.

Kapitel **4**: Nebengesetze oder nebensächliche Gesetze? – **Selbstbeherrschung**

12. *Stephen R. Covey, The 7 Habits of Highly Effective People (New York: Simon & Schuster, 1989), S. 92.*

Kapitel **9**: Es mangelt an nichts – **Durchhaltevermögen**

13. *Bertha Spafford Vester, Our Jerusalem, Neuauflage (Jerusalem: Ariel Publishing House, 1988), S. 47.*

14. *Das sind die handgeschriebenen Worte, wie sie auf dem Schreibpapier des Brevoort House Hotels stehen ... der erste Entwurf von Spaffords Gedicht. Spafford veränderte die Worte geringfügig, als das Gedicht vertont wurde. Die bedeutendste Veränderung war die letzte Zeile, die dann hiess: «Trotzdem – mir ist wohl, mir ist wohl in dem Herrn.»*

Kapitel **10**: Die fehlende Zutat – **Freude**

15. *Crankshaft (neu) © 2009 Mediagraphics, Inc. North America syndicate. Mit freundlicher Genehmigung.*

Kapitel **11**: Kann eine einzelne Person etwas **ausrichten?**

16. *Ruth Plimpton, Mary Dyer: Biography of a Rebel Quaker (Boston: Branden Publishing Co., 1994), S. 188-189.*

17. *Charles R. Swindoll, The Quest for Character (Grand Rapids: Zondervan, 1982), S. 27.*

18. *William J. Petersen und Randy Petersen liefern den Hintergrund zu diesem Lied am 31. Mai ihres Andachtsbuches The One Year Book of Hymns, bearbeitet von Robert K. Brown und Mark R. Norton (Wheaton, Ill.: Tyndale House Publishers, 1995).*